La Vallée

DE LA

Haute-Meurthe

du Hohneck à Saint-Dié

PAR

L'ABBÉ G. FLAYEUX

Membre de la Société d'Emulation des Vosges

* * *

SAINT-DIÉ

TYPOGRAPHIE ET LITHOGRAPHIE C. CUNY

LA

Vallée de la Meurthe

PAR

L'ABBÉ G. FLAYEUX

Membre de la *Société d'Emulation des Vosges*

———◆✕◆———

SAINT-DIÉ

TYPOGRAPHIE ET LITHOGRAPHIE C. CUNY

LA

VALLÉE DE LA MEURTHE

I

Le Fil de l'eau et le Fil du voyage

Les montagnes des Vosges offrent une physionomie bien différente suivant qu'on les aborde à l'Est ou à l'Ouest. Sauvages, escarpées, sur le versant alsacien ; elles sont plus accueillantes par le versant lorrain, s'élevant de la plaine au sommet par des ondulations mieux graduées qui forment une transition douce et sans heurt entre la plaine et la montagne.

C'est ce qui permet aux différents cours-d'eau échappés du massif vosgien de tracer des vallées profondes, ayant chacune leur physionomie propre ; bordées d'innombrables contreforts qui vont se déprimant sur une zône inclinée, jusqu'à 20 et 30 kilomètres.

Aussi ces vallées ombragées par ces penchants boisés ou herbacés présentent tantôt le pittoresque fruste de la haute montagne, tantôt le charme de la campagne cultivée dont l'ensemble forme toute la poésie de la beauté vosgienne.

C'est à travers l'une d'elles que je voudrais vous promener en amateur.

Si vous le voulez, nous suivrons le cours d'un des plus grands affluents de la Moselle ; nous descendrons la vallée de la Meurthe ; cette rivière aux eaux vertes, fécondes, torrentueuses ou tranquilles, qui trace son humide sillon à travers l'arrondissement de St-Dié qu'elle scinde avant d'entrer dans le département voisin et de lui donner son nom.

Le fil de l'eau sera le fil de notre voyage.

N'a-t-on pas appelé en effet les fleuves et les rivières « des chemins qui marchent » ? « Pendant des siècles, écrit le

Dr Fournier, c'est par eau que se tirent les transports ; nos routes, nos chemins de fer ne sont pour ainsi dire que des doublures en quelque sorte de nos fleuves et rivières. » (1)

Aussi bien, il est vrai que les rivières comme les montagnes enchaînent l'une à l'autre les idées que réveille dans notre intelligence une excursion de touriste. Ne dirait-on pas que dans un cours-d'eau comme dans une rangée de hauteurs, la pensée rencontre un canevas au moyen duquel toute circonstance reste un souvenir ?

Depuis les sources, depuis les chutes de la montagne, jusqu'aux larges nappes de la vallée grande ouverte ; nous suivrons donc la rivière, dans ses méandres les plus infinis, dans la diversité de ses âges, dans son histoire, dans ses légendes. A son gré nous changerons d'horizon, de climat, de pays ; sur ses bords, tantôt endigués par l'industrie moderne, tantôt plantureux,

(1) Topographie ancienne du Dép. des Vosges. 1er Fas, p. 60.

aux formes opulentes d'une nature toujours jeune, tout en étudiant la vie actuelle
qui éclate par tous les pores ; nous ferons
revivre les figures d'antan, et, si parfois
elles contrastent avec celles d'aujourd'hui,
nous ferons des rapprochements pour leur
donner du relief. Puis, tout en alignant
quelques chiffres de statistique, tout en
faisant la cueillette des souvenirs ; nous
nous arrêterons pour jouir des sites, des
paysages vosgiens et lorrains, comme di-
version.

Et d'abord que l'on nous permette, en
guise d'entrée, de chanter en l'honneur de
la Meurthe le dythyrambe par lequel Ausone
saluait, en des vers immortels, maniérés
mais charmants, la reine des rivières
vosgiennes, cette Moselle « dont les belles
eaux s'écoulent avec un silencieux mur-
mure ; ce fleuve digne d'éloge par les
terres qu'il arrose et par les habitants fixés
sur ses bords ».

« Salut, Meurthe, dirons nous à notre
tour, mère féconde en hommes, pleine de
fruits, riche en souvenirs, nous allons

descendre ton agréable cours, te suivre, pour te célébrer jusque dans le sein d'azur du fleuve avec lequel tu confonds tes eaux vertes et transparentes. »

II

Aux sources de la Meurthe [1].

Puisqu'elle doit-être notre guide et notre inspiratrice commençons par en rechercher les sources sur les flancs du Hohneck.

Le Hohneck, point culminant d'un massif important, voit sourdre de son sein, comme de puissantes mamelles, les cours d'eau qui arrosent les plus riches de nos vallées· Dans un espace de quelques kilomètres à peine, l'on rencontre les sources de la Meurthe, de la Vologne, de la Moselotte.

La Meurthe descend des contreforts qui dominent le Valtin, par deux branches

[1] Bibliographie. — Fournier, *B. de la Meurthe.* — Bleicher, *Les Vosges.* — Boyé, *Les Hautes Chaumes.* — Arch. Vosg. Série G.

grossies elles-mêmes de nombreux t . . . renticules.

La première artère formée de deux ruisseaux que nous aurons à explorer se nomme la *grande-Meurthe*; elle trace la vallée du *Valtin-Habeaurupt-Fraize*.

La deuxième également produite par deux tributaires avec lesquels nous ferons plus ample connaissance est connue sous le nom de *Petite-Meurthe*, elle arrose la vallée de *Ban-sur-Meurthe-Clefcy*, rejoint à Sondreville la première branche, formant ainsi la Meurthe adulte.

Le versant de la chaîne vosgienne d'où s'échappent ces différents cours-d'eau, bornait l'ancien val de Galilée. Le territoire concédé par Childéric II à St-Déodat comprenait en effet les sources de la Meurthe, et avait pour limites, de Sâles au Montabey, la crête même des Vosges.

Les sommets qui recèlent en leurs flancs les nappes d'eau dont le faisceau constitue la Meurthe sont les Pâturages, dits *les Chaumes*. C'est la chaume de *Balveurche*, de *Belbriette*, de *Montabey*, ce sont les *Hautes-Chaumes* le *Taneck*, le *Gazon-Martin*, etc., limites de l'ancien Ban de Fraize et, pour la plupart, frontière actuelle entre la France et l'Allemagne.

Il y a des siècles que ces pâturages sont exploités ; les fermes ou marcaireries y existent de temps immémorial.

De mai en septembre vous y trouverez de nombreux troupeaux, nuit et jour en liberté, broutant sur les pelouses les herbes odoriférantes, les plantes aromatiques qui rendent leur lait si onctueux et le fromage si parfumé. D'un sommet à l'autre vous entendrez se répondre les sonnettes suspendues au col des vaches laitières, répercutées par tous les échos ; elles forment un concert agreste qui donne sa voix à cette nature alpestre et lui font faire sa partie dans la symphonie universelle.

Les chalets des marcaires sont piqués çà et là sur le flanc des collines ou blottis dans le creux des vallons, avec leurs toits en appentis s'abaissant presque jusqu'à terre, rappelant les couveuses accroupies pour abriter sous leurs ailes toute une couvée. Ils sont toujours partagés en deux parties ; la première sert d'habitation aux marcaires, l'autre, c'est l'étable toujours propre, parfois élégante, traversée par un filet d'eau qui veille à la pureté de l'air.

Si vous voulez pénétrer dans l'intimité des Hautes-Chaumes, consultez la récente étude de M. P. Boyé ; vous y trouverez des notions aussi précises qu'intéressantes sur sur l'origine, l'histoire, l'exploitation de tous ces pâturages qui occupent le point culminant des Vosges du Donon au Ballon d'Alsace.

Pour ces chaumes du Hohneck en particulier qui dominent les sources de la Meurthe ; vous apprendrez que déjà au XIIe siècle les alsaciens, les premiers, en dépit des pentes abruptes de leur versant prirent possession du faîte dénudé de ce vieux patriarche.

Toute cette région des sources de la Meurthe, originairement se rattache par sa constitution primitive aux montagnes des Hautes-Vosges ou *Vosges cristallines* :

le géologue y rencontre en effet les granits communs et porphiroïdes.

C'est sur ses plateaux également que le botaniste recueille les spécimens les plus précieux de la flore vosgienne. Le Hohneck n'est-il pas la terre promise des herborisants ? C'est comme un ilôt de la fleur alpestre, a dit un célèbre botaniste. Parmi les plantes les plus marquantes on y rencontre l'anémone des alpes à grands pétales blancs, la rare anémone à fleur de narcisse, la pensée des Vosges, bleue et jaune, l'arnica des montagnes ou tabac de capucin l'épervière piloselle, le gnafale de Norwège, la grande gentiane, la digitale avec l'aconit napel et l'aconit tue-loup, poisons violents.

C'est de cette dernière plante, dit la la *légende du charbonnier*, que s'est servie la grande patriote, cette femme du charbonnier du Hohneck qui empoisonna une compagnie de cosaques en 1815.

Dans les escarpements de ces montagnes que nous visiterons, à la recherche des filets d'eau, on rencontre encore parmi

les plantes rares qui décorent ces régions
boréales, la corydale, le narcisse à fleurs
jaunes, la potentille de Salzbourg qui mèle
son jaune doré au gris des rochers, la
Boule d'or, le Sanguisorbe ; et tout près
des sources, des gouttes, des ruisseaux,
la benoite aquatique, la valériane à trois
lobes qui se penche pour se mirer dans
l'eau, le chapeau-de-loup, la grasette, le
joli-bois rose à la suave odeur.

Dans les bois et les gorges on cueille
l'oseille des bûcherons ou pain de coucou,
appelé encore *Alleluia* parce qu'il fleurit
à Pâques, l'œillet superbe, la renoncule
à feuille d'aconit, la balsamine impatiente
ou *Ne-me-touchez-pas*, qui s'évanouit au
moindre contact, et qui est employée en
médecine, la bartsie des Alpes, la cama-
rine des tourbières et la blanche fleur du
saxifrage étoilé.

Les fougères et les bruyères sont particulièrement jolies. On y admire la bruyère commune et l'andromède à feuilles
de polium ; la fougère petite lunaire, le
botriche à feuille de rue et le botriche

matricaire si rare, le polypode commun,
appelé réglisse sauvage, qui orne les rochers et les troncs d'arbres, l'osmonde pi-
quante au bord des torrents qui coulent
sous bois ; l'élégant polystic auréoptère
et la très commune fougère impériale qui
présente, la tige brisée, l'aigle bicephale.
Cette dernière fougère est employée à la
confection des matelas, car elle a la propriété d'éloigner les puces.

Les lichens sont bizarres et variés, citons seulement la mousse blanche (*Lichen
d'Islande*) très usitée contre les rhumes
et autres maladies de poitrine.

Toutes ces variétés se rencontrent dans
les régions des sources de la Meurthe.

Au bas des pâturages s'étendent les
grandes forêts où dominent les conifères.
Ces vastes futaies sillonnées de mille ruisseaux qui cascadent à travers les roches,
sont « si copieuses en sapin, dit Richer de
Senones, si épaisses, si obscures, qu'elles
donnent terreur au spectateur. » C'est le
frigus opacum de Virgile !

Ces forêts, l'une des richesses du pays

habité par les bûcherons et les marcaires
sont également exploitées depuis des siècles. En 1696 dans la relation d'un voyage
à travers les Vosges, Dom-Ruinard cons-
tatait l'existence de troncs d'arbres abattus sur les hauts sommets couverts de pâturages ; ce qui, ajoute le professeur Bleicher, vient à l'appui de l'opinion souvent
émise que les Vosges n'ont pas toujours
eu leurs crêtes dépouillées « comme le
front d'un homme consumé par les veil-
les et les chagrins. »

Les arbres abattus dans la forêt sont à
grande peine descendus de la montagne ;
soit par les chemins de *schlitt*, soit par
des sentiers creusés et défoncés dans lesquels glissent les énormes troncs d'arbres.

Par les chemins qui serpentent sur le
flanc de la montée, les chariots attelés de
quatre et six chevaux amènent les troncs
jusqu'à la scierie que jadis l'on appelait la
scie ou la *seigne* où ils seront convertis
en planches.

Chemin faisant nous rencontrerons une

foule de scieries, nous les signalerons, et ainsi nous aurons l'occasion de disserter sur une branche toujours florissante du commerce vosgien et sur l'ancien flottage des bois sur la Meurthe.

Les essences forestières les plus répandues et les plus employées sont l'épicéa, le sapin, le pin sylvestre, le pin des montagnes ou pin à crochets. « Quoique localisée dans les tourbières, auxquelles elle donne un cachet sibérien, écrit M. Bleicher, et sur certains hauts sommets, tels que la Schlucht, cette dernière espèce est à noter comme caractéristique de nos peuplements forestiers vosgiens. »

On rencontre encore dans ces parages, mais plus rares, d'autres essences que les conifères : les hêtres, le charme, le chêne, l'érable, le chataignier.

A présent, si vous le désirez, nous sortirons de ces dissertations quelque peu scientifiques pour entrer encore dans le merveilleux domaine de la légende. Car ces chaumes et ces forêts ont aussi leurs légendes. Nous connaissons déjà celles du

Hohneck, où nous avons rencontré les fées et les nains. Nôtre gerbe est loin d'être complète, nous cueillerons encore d'autres récits fantastiques.

Je veux vous conter aujourd'hui celui qui se rapporte à la chaume de Belbriette, située entre le Grand-Valtin, Longemer et la gente retraite de Retournemer. Je ne puis que vous la rappeler, et vous la résumer, car elle fut consignée jadis par Ed. Ferry, dans sa Monographie de Retournemer. Une bonne vieille, dit-il, la lui conta un jour, en cueillant des myrtilles près du chalet de Balveurche. (1)

Or donc, dit cette légende, vers l'an 1550, survint un jour à Retournemer certain personnage à l'allure étrange, à l'air sinistre. Il était accompagné de son fils, enfant plein de fraîcheur et de gracieux sourires.

Sur le bord du lac il défricha un large espace et construisit un chalet.

Dès son arrivée se passa un fait extra-

_____

(1) Légendes et Souvenirs : p. 30 : « Pourquoi il n'y a pas d'oiseaux à Retournemer. »

ordinaire. Tous les oiseaux du voisinage
accouraient à tire-d'aile sur les bords du
lac ; le jour, c'était un concert ininter-
rompu, joyeux tutti où chacun chantait à
plein-gosier, étourdissant la vallée tout
entière ; la nuit, c'étaient des solos et des
duos de rossignols qui remplissaient de
leurs trilles le silence des ténèbres et des
bois.

Qui provoquait ces concerts ? Sans
doute le personnage énigmatique que personne n'interrogeait, qu'aucun ne fré-
quentait.

Dix années s'écoulèrent ainsi, lorsque,
un jour de Pentecôte, arriva à Longemer
parmi les pèlerins et la joyeuse jeunesse
qui vient danser autour de la chapelle de
Saint-Florent, un canot portant le fils même du mystérieux habitant de Retournemer. Il était couvert de vêtements somp-
tueux ; gai, beau, brillant ; un charme
particulier semblait émaner de sa personne. Il se mêla aux jeux et à la danse,
laissant partout la plus étrange; la plus
magnétique impression.

2

Parmi les danseuses se trouvait la fille du fermier de Belbriette, aussi belle que vertueuse. Jusqu'alors elle avait désespéré par sa fierté intransigeante les hommages de tous ses adorateurs et ils étaient légion.

Mais devant le charme de l'inconnu, son irréductibilité s'évanouit bientôt ; elle fut conquise et devint l'unique *valentine* du beau danseur. Le même soir, elle lui permit de la reconduire au logis.

Dès lors d'intimes relations s'établirent entre les deux jeunes gens et chaque jour on voyait la barque aborder à la rive dominée par Belbriette.

Le jeune homme lui-même, très épris de la belle fermière, lui fit ses confidences : l'existence n'était pas gaie au Chalet, en tête-à-tête perpétuel avec son père, un alchimiste adonné avec passion aux sciences occultes.

C'est dans ces confidences que la jeune fille apprit le secret des concerts d'oiseaux. Le père du jeune homme avait apporté des montagnes de la Bohême un oiseau mystérieux, au plumage éblouissant dont les

chants sans-pareils appelaient tous les oiseaux d'alentour.

Cet aveu devait perdre l'amant trop
confiant.

La curiosité est le péché mignon des
filles d'Eve et la jolie fermière ne faisait
pas exception à la régle générale ; elle
voulut voir de ses yeux l'oiseau incomparable. Chaque jour elle suppliait son ami
de lui procurer ce plaisir et la résistance
de celui-ci ne faisait qu'activer ses désirs.

Longtemps il résista, car son père,
sous les plus effrayantes menaces, lui
avait défendu de toucher à l'oiseau. Mais
« Désir de fille est un feu qui dévore, » a
dit Gresset ; il finit par céder. Un soir il
s'empara de l'oiseau enchanteur et l'ap-
porta à Belbriette.

Heureux de la joie de sa fiancée, avec
elle il admira le plumage si riche de ce
chantre ailé, avec elle il écouta ses mer-
veilleuses mélodies, et, tous deux, tout en
admirant, en écoutant, bercés par cette
harmonie surhumaine, s'endormirent in-
consciemment.

A leur réveil l'oiseau avait disparu. Le jeune homme épouvanté s'enfuit à la recherche du fugitif.

Son père l'attendait ; sans lui dire un mot, il le conduit devant la cage vide, la lui montre d'un geste tragique ; puis, entraînant le coupable dans l'épaisseur de la forêt ; il le lie sur le tronc d'un arbre renversé, tire de dessous ses vêtements une hache de bûcheron et d'un coup lui tranche la tête.

Alors le ciel se voila ; cent fois par les échos plaintifs de la montagne fut répercuté le bruit sinistre de la hache ; en troupe serrée, épouvantés les oiseaux s'assemblèrent, et battant tristement des ailes, ils émigrèrent en poussant des cris déchirants. On les vit disparaître dans les airs et l'on attendit vainement leur retour.

Depuis ce jour nul oiseau n'a reparu dans les bois qui entourent le cirque de Retournemer, et seul, le bruit de la hache a remplacé les harmonies qui charmaient la vallée.

A cette légende voulez-vous une morale

philosophique et sentimentale ? — : L'a-
mour est un oiseau charmeur ; à sa voix
tout chante dans la nature ; mais quand il
s'est envolé, la nature reste sans voix.

CHAPITRE III

Le Rambach et les ruisseaux de la Combe. — La fontaine des Voleurs. — La nouvelle cascade du Rundstein. — La distillerie dans la montagne.

A son origine la Meurthe forme donc
deux vallées jumelles qui sont séparées
par un massif montagneux, allant du Sud
au Nord, entre le Grand-Valtin et Sondreville. Nous l'explorerons parallèlement à
la vallée de la Petite-Meurthe.

La première branche de la grande Meurthe descend des pentes Ouest du Grand-
Valtin. Elle se déverse en plusieurs ruisselets baignant les prairies, au pied des

futaies; puis, se forme en torrent pour descendre le vallon escarpé du Rambach, dont il porte lui-même le nom, escortant tantôt à droite, tantôt à gauche le sentier des piétons qui conduit au Valtin.

Le vallon du Rambach avec sa ferme solitaire, avec ce ruisseau en rampe (*Ramp, bach*), aux rives d'abord gazonnées, bientôt hautes, abruptes, sauvages, avec ses cascades grondeuses, avec le mystère de l'ombre de la forêt est délicieux de pittoresque. Vous êtes diversement impressionné par cette nature à la fois sauvage et gracieuse; et tout en goûtant ce charme étrange, vous êtes tout à coup saisi, lorsque brusquement s'ouvre le rideau de forêt qui fermait l'échancrure. — Vous vous trouvez soudainement sur un promontoire qui semble s'avancer audacieusement vers l'espace. C'est la hauteur qui domine le Valtin et la vallée de la grande Meurthe prolongée par celle du Luspach.

En même temps que le ruisseau qui se lance dans le bassin de prairies nous arrivons au Valtin, avec lequel déjà nous avons fait connaissance dans nos précédentes excursions. Nous connaissons en effet l'hospitalité de ses habitants et son histoire (1).

Rappelons seulement que le Valtin dépendait de l'ancien Ban de Fraize et que son église, bâtie sur une élévation qui domine le village, a poussé à la place d'une antique chapelle érigée par les sires de Ribeaupierre. La paroisse date de 1689.

Pour le spirituel, le Valtin dépendait du chapitre de Saint-Dié. Un acte assez curieux des archives vosgiennes nous montre la vigilance des vénérables chanoines à faire respecter les lois de l'Eglise par leurs sujets : c'est une sentence rendue par la cour spirituelle de la grande prévôté, condamnant Jacques le Jeune du Valtin à une amende de 25 francs et aux dépens, pour avoir mis une volaille à la broche le vendredi 26 mai 1713 et engagé plusieurs convives à en manger comme lui !

(1) Étude historique sur *l'ancien Ban de Fraize*.

L'ancien chapitre possédait au Valtin des biens, des droits et des revenus.

Avant l'introduction des usines dans la vallée, le Valtin renfermait nombre de tissages à bras, quelques-uns ont survécu jusqu'à ces derniers temps. La fabrication du fromage, rival du *Géromé,* reste l'industrie du pays avec la fabrication des sabots et la confection des planches.

C'est en effet au Valtin qu'est mentionnée la première scierie de la vallée; scie très ancienne avec un haut fer ordinaire; appartenant à M. Oct. de Bazelaire de Lesseux et débitant environ 30.000 planches par année.

Elle est sur le chemin de la Schlucht et c'est la deuxième branche de la grande Meurthe qui l'actionne.

Cette seconde branche de la Meurthe est même la plus importante; elle est considérée comme le facteur principal de la rivière; aussi est-elle la plus connue.

Elle est formée de plusieurs ruisseaux qui se réunissent dans la vallée de la Combe.

Le premier est le ruisseau du *Collet* que tous les touristes connaissent. C'est ce mince filet d'eau claire intarissable que l'on aperçoit non loin du Collet, à droite de la route qui, de Gérardmer monte à la Schlucht. Le col du Collet est situé entre la chaume de Balveurche au N. O. et les contreforts du Hohneck au S. E. Ce col domine d'un côté les sources de la Vologne; de l'autre, les sources de la Meurthe.

Primitivement le Collet était habité par les schlitteurs qui formaient une sorte de république séparée du reste des humains; composée de farouches brigands aux mœurs barbares et hospitalières. C'est M. Ed. de Bazelaire qui nous l'apprend dans ses *Promenades dans les Vosges* (1) : « Au « Hohneck, dit-il, se rattache le Collet, « dont les pans sont sillonnés de nom- « breux sentiers en zigzags, formés de ron- « dins engagés à demi dans la erre, et « placés horizontalement à la distance d'un « pied de l'autre. C'est là ce que les mon-

---

(1) *Promenades dans les Vosges*, pp. 53-54.

« tagnards appellent des chemins *rafftés*
« ou des *schlittes*, sur lesquels ils des-
« cendent les coupes annuelles des fo-
« rêts. Un traîneau pesamment chargé
« glisse rapidement sur les rondins, tan-
« dis qu'un homme assis au devant pose
« alternativement sur eux ses jambes,
« afin de modérer et de diriger sa course...
« Les schlitteurs sont en grand nombre
« dans la montagne et forment sous la
« présidence d'un commis délégué par le
« propriétaire de l'exploitation, une es-
« pèce de république qui rappelle quel-
« que chose de ces hordes barbares sor-
« ties des marais scandinaves et des
« forêts de la Germanie.

« Lorsqu'au mois de mai, nos monts
« ont déposé leur blanc manteau et se-
« coué la poudre de leur tête neigeuse...
« le Collet voit venir et monter à lui la
« bande des schlitteurs, troupe confuse
« formée de ce que la société a de plus
« bas et de plus vil... hommes aux figu-
« res rébarbatives. Les huttes sont au
« premier occupant; ce sont des trous

« creusés au flanc de la montagne, abri-
« tés quelquefois par un toit de terre ou
« de gazon, séparés au dedans par une
« cloison, d'un côté de laquelle est la
« couche de feuilles sèches et de bruyères
« des habitants du terrier, de l'autre un
« foyer dont la fumée n'a pas d'issue...
« La république se forme... et bientôt les
« nouveaux bédouins s'abattent sur les vil-
« lages et les rançonnent.

« Parmi les républicains du Collet, point
« de Dieu, point de morale, point de lois,
« hormis celle de l'hospitalité. Celle-là
« vous la trouverez au milieu d'eux géné-
« reuse et désintéressée comme aux jours
« antiques. Passez au milieu de cette bi-
« zarre fédération... vous êtes étranger,
« vous avez faim, aussitôt on vous offrira
« le pain noir, le beurre frais, la bouteille
« d'eau-de-vie; le feu du foyer pétillera
« pour vous, le lit de mousse sera renou-
« velé en votre honneur. »

De ce tableau moyenâgeux, ce qui reste
vrai aujourd'hui, c'est l'hospitalité des
montagnards, qui sont loin d'être la lie de

la société. La barbarie, le vol, la rapine
ont disparu sous l'influence de la civilisation, des commerçants, des industriels et
aussi des touristes qui ont envahi ces
régions et en ont humanisé les habitants.

Mais revenons à notre petit filet d'eau
claire qui sort du Collet. Laissez-moi vous
le présenter avec ses titres et qualités,
car cette source si connue porte un nom
que l'on ne connaît guère : c'est la *Fontaine des Voleurs*, appellation qui lui vient
d'une légende que vous serez charmé
d'entendre. Je vais vous la conter, d'après
M. Ed. Ferry, qui la découvrit par hasard
dans les archives du chapitre de Remiremont. Il l'a exhumée, paraît-il, textuelle-
ment, d'un manuscrit poudreux, lui laissant la saveur de son style archaïque et
naïf, et l'a consignée dans ses *Légendes et
Souvenirs*.

Elle nous reporte jusqu'aux temps lointains de la fondation de cette célèbre
abbaye dont le fondateur, saint Romary;
voulant faire remettre à neuf les vases
sacrés de son moustier, s'en fut les porter

lui-même à un habile orfèvre de Strasbourg.

Cheminant par monts et par vaux, cou-
pant à travers les forêts et les chaumes, il
avait fait telle diligence que, le vingtième
jour, il était sur le retour avec ses vases
fort dextrèment accomodés. Mais, en passant à Stossvihr, le seigneur du lieu, félon
et brigand, visita le sac du voyageur et,
poussé par la soif de l'or, dévalisa le saint.

Aux reproches qu'il lui exprima de son
sacrilège et aux craintes qu'il lui fit con-
cevoir de la colère du roi Dagobert (car
l'un de ces vases était un présent de la
reine Brunehilde), le sire de Stossvihr, ne
voyant d'autre moyen de cacher sa faute,
fit jeter notre saint en un étroit cachot,
pensant qu'on le croirait perdu et qu'on
ne parlerait plus de lui.

Il avait compté sans la Providence, qui
se servit d'un valet comme instrument.
Voulant se venger d'avoir été, par son
maître, âprement gourmandé, le manant
alla trouver, sur le Hohneck une bande
de voleurs qui rapinaient dans la région,

excita leur chef, nommé Vilfrid, à tenter
la délivrance du vénérable prisonnier.

Le brigand joue volontiers au justicier;
Vilfrid accepte. Il arrive de nuit avec sa
troupe au château de Stossvihr, le prend
d'assaut, délivre le prisonnier et lui rend
ses vases sacrés, heureux de sa bonne
action et plus heureux encore de trouver
une excusable occasion de piller.

« Ici n'est lieu, ajoute la vieille chro-
nique, de faire le récit de l'étrange chère
que menèrent les bandits qui, estimant
qu'ils avaient escarmouché pour notre
Sainte Mère l'Eglise, s'en crurent autori-
sés à vider les seilles, défoncer les bahuts,
violenter les filles, pensant n'être coulpe
ni péché en icelle circonstance, et avoir
du tout licence. Dieu les ait en sa misé-
ricorde ! »

A l'aube, les voleurs s'en retournèrent,
faisant escorte à saint Romary, bien plus
grandement marry des péchés commis
que de sa propre aventure.

Ils arrivèrent au collet, tellement altérés
qu'ils se sentaient la gorge plus sèche

qu'un écu d'or en l'escarcelle d'un juif. En cet endroit, il n'y avait pas, comme aujourd'hui, de sources aux eaux rafraîchissantes, et les voleurs mènent grande colère de n'avoir pas de quoi apaiser leur soif. Ils somment notre saint personnage de leur en procurer les moyens, et vivement, fallut-il un miracle : il le leur devait bien, après tout, en retour du service rendu..

Le pieux abbé, dévotement, agenouillé dans la bruyère, pria, implora le Très Haut si ardemment que Dieu daigna permettre, prenant son féal serviteur en pitié, qu'une gente et bienfaisante source jaillit de la terre, sous ses genoux, à la grande joie et ébahissement des mécréants, voulant ainsi prouver que nul ne prête aux gens de l'Eglise sans guerdon.

« Depuis ce jour, termine la légende, la source flue plus claire que diamants, toujours fraîche en temps d'été, toujours douce en la froidure, si bien que chacun peut y puiser sans danger ni dommage.

« Et la source eut nom *La Fontaine des*

Voleurs, pour que ce miracle ne fust perdu pour l'édificaticn des races futures et glorification de Dieu. »

Les légendes passent, mais les voleurs restent, et le Hohneck leur sert encore aujourd'hui de repaire, paraît-il. Sont-ils capables d'un bon mouvement comme les voleurs d'antan ? Quoiqu'il en soit, la *Fontaine des Voleurs* a toujours un nom d'actualité ; voici, en effet, ce que nous lisons dans le *Petit Journal* du 17 Mars dernier :

« La fin du brigandage en Alsace-Lor-
« raine.

« Grâce au concours des gendarmes
« français de Gérardmer, on a capturé
« toute la bande des brigands qui, depuis
« quelque temps, infestaient la vallée de
« Munster. Le chef, un nommé Mathias
« Braesch, a été arrêté par les agents
« allemands dans les environs de Hoh-
« neck ; les autres, au nombre de qui-
« torze, serrés de près, se sont retirés
« vers la frontière et sont tombés entre
« les mains des gendarmes français.

« Comme ils ont encore des comptes à
« régler avec la justice en France, ils
« auront à passer quelque temps dans les
« prisons françaises, avant de pouvoir
« être livrés aux autorités allemandes.»

Une luxuriante végétation tapisse les
rives de la *Fontaine des Voleurs ;* en toute
saison, le cresson, en touffes abondantes
et fournies, se baigne dans ses eaux.

Le ruisseau du Collet rejoint une autre
vaucluse qui prend sa source à l'hôtel de
la Schlucht, dont elle alimente le service.
A eux deux, ils forment une petite rivière
qui se grossit bientôt d'un autre filet sor-
tant de la forêt, côté Nord, et appelé
Source de la Princesse.

Il ne faut pas confondre cette source
avec celle de la Moselotte, appelée *Fontaine de la Duchesse,* en souvenir de la
duchesse Christine de Danemark qui s'y
abreuva. On sait que, vers 1552, lorsqu'elle fit l'ascension du Hohneck, la
duchesse fit halte avec sa suite sur la
pelouse spacieuse de Schmargulh, et l'eau
limpide de la Moselotte naissante fit tant

plaisir à l'illustre visiteuse, la désaltéra si délicieusement qu'elle garda son nom.

La source de la Meurthe eût-elle la même faveur ? C'est probable, mais l'histoire ne nous a point transmis le nom de la princesse qui lui servit de marraine.

Xavier Thiriat mentionne deux *Fontaines de la Duchesse :* l'une source de la Moselotte, l'autre qui envoie ses eaux au Rhin allemand. Ce n'est donc pas une supposition gratuite d'attribuer à une visite princière ce nom de *Fontaine de la Princesse.* Pourquoi n'aurait-elle pas eu, aussi l'honneur d'abreuver quelque illustre visiteuse ? Nous savons d'ailleurs que nos chaumes et nos forêts furent le théâtre de princières et d'impériales chevauchées.

Toutes ces *goulles* réunies forment la deuxième branche de la grande Meurthe, qui descend à travers la vallée de la Combe. A cette artère de la rivière naissante, on a donné différents noms : on l'appelle la *Combe,* à cause de la gorge qu'elle arrose, le *Collet,* à cause de sa source principale, le *Stammbach,* mot

allemand qui signifie *origine du ruisseau*,
ou plutôt *ruisseau qui sert de source.*

Le mot *Combe* signifie lui-même ravin
à pente raide.

La vallée de la Combe qui a quatre kilomètres de longueur ou plutôt de profondeur est formée d'un côté par le massif central, de l'autre par les derniers escarpements
de la montagne de la *Brande.* Comme un
torrent aux milles cascades, la rivière court
au fond du ravin, arrose le hameau de la
Combe dont les maisons sont éparses sur
ses deux rives, suit le sentier de la Schlucht,
qu'elle croise en maints endroits, et, au
sortir de la sapinière bondit au-dessus du
Valtin et remplit toute la vallée, de sa
joyeuse chanson.

Le sentier qui du Valtin à la Schlucht
remonte le ruisseau, durant la moitié de
son cours, fournit une des promenades
les plus agréables des Hautes-Vosges
« C'est le plus merveilleux des sentiers de
montagne; écrit M. Ardouin-Dumazet :
pente régulière et douce, large, bien aplani,
traversant sur des « ponceaux des ravins

« dont la tête est à la crête frontière ; il est
« adorable de silence. Sous les grands sapins
« revêtus de lichens croissant parmi les
« éboulis où se plaisent les airelles, on
« monte sans fatigue. Parfois à une grande
« profondeur on revoit l'étroit bassin de
« prés dans lesquels la Meurthe met un
« sillon d'argent » (1).

C'est bien là le délicieux sentier chanté
par le poète qui s'en va, rêvant :

à travers «... le chemin noir
Si cher à ses courses
Où l'on entend sans les voir.
Le doux bruit des sources ! »

Car ils sont innombrables et mystérieux
les torrents de la vallée de la Combe.
Combien descendent des Chaumes, coulent, et sournoisement chantent sous bois
pour venir grossir la Meurthe naissante.
Quelques-uns ont leur nom bien connu.

C'est d'abord le ruisseau de *la Chaume*
qui reçoit lui-même la *fontaine du Chat*.

Pourquoi cette dénomination de la *fontaine du Chat ?*

---

(1) Voyage en France : Plateau et lorrain et
Vosges p. 304.

Elle est d'ailleurs assez fréquente ; ainsi au Sud du Lac de Gérardmer entre Ramberchamp et le Pheny, on trouve le vallon de la *goutte du chat*, non loin de la cascade du *Saut de la Bourrique.*

Voici encore un autre tributaire de la Combe appelé le *Achtbach*, (8e ruisseau). Il est en effet, à partir du Ruisseau du Luspach, du Nord au Sud, le 8e ruisseau de cette partie de la chaîne vosgienne.

Enfin voici surtout le torrent le plus beau, le plus original ; le ruisseau du Taneck qui descend de la Chaume homonyme et qui forme en tombant dans la Combe la récente et si jolie *cascade du Rundstein.*

La chute du *Rundstein* a été créée par M. Octave de Bazelaire de Lesseux, qui, à ses frais, fit opérer une légère déviation du ruisseau du Taneck. Ce ruisseau qui jaillit au pied de la Chaume du Taneck venait rejoindre *la Combe* par le flanc de la montagne, sous bois. On a brusqué son cours en le débarrassant des rochers qui lui faisaient obstacle, et l'eau au lieu de contourner le flanc de la montagne pour aboutir à *la Combe* ; se précipite d'une hauteur de 20 mètres dans cette vallée, impatiente d'apporter à la Meurthe naissante, le tribut de ses eaux écumantes.

L'endroit d'où le torrent se précipite et où son cours a été brusqué s'appelle le *Rundstein.* (pierre ronde).

Une ferme de ce nom s'élève aussi à quelques cents mètres de la chute, et, à proximité, voici le coin de terre appelé *Feigne des soldats.* Est-ce un souvenir de l'invasion des Rustauds ? Peut-être, mais rien ne l'établit.

La cascade du *Rundstein* est à 1500 mètres du Valtin ; un sentier greffé sur le chemin de la Schlucht par le C. P. C. F. y conduit directement. La promenade est délicieuse, le sentier s'enfonce en pleine sapinière, et à mesure que l'on approche, on entend, comme un tonnerre lointain ; c'est le bruit sourd de la chute.

Quelle merveille cette *chute du Rundstein !* c'est le cas de répéter que le génie de l'homme n'est pas toujours fait pour gâter l'œuvre de Dieu ; mais parfois pour embellir la nature.

Au milieu des arbres, éclaboussés par les gouttelettes diamantines, l'onde, blanche comme de l'argent au dessus d'un rocher bondit en gerbes arrondies ; puis, semble se ramasser, se raidir pour tomber à pic.

Cette nouvelle cascade du Rundstein ne date que d'hier (2 ou 3 ans au plus) et elle éclipse déjà son ainée, celle du Rudlin qui doit passer au second plan.

Aux abords de ces lieux existait jad s un énorme rocher de forme orbiculaire ; de là le nom de *Rund Stein*. Les besoins de l'industrie ont absorbé tant de pierres que du *Rund stein* il ne reste plus aujourd'hui que le nom.

Le Ruisseau du Rambach (1re branche de la grande Meurthe) rejoint à la sortie du Valtin celui de la Combe pour former la grande Meurthe, qui grossie ainsi de tous les torrents de la montagne prend dès lors le nom et les allures d'une rivière.

Ne quittons pas ces hautes montagnes,

sans rappeler une dernière industrie du Valtin, et qui n'était pas des moins intéressantes ; celles des plantes et des fruits distillés.

Cette distillerie malheureusement vient de disparaître ; dans son alambic passaient d'abord les plantes parfumées. La flore de ces régions montagneuse, savamment distinguée et choisie, formait une sorte de liqueur, bien connue des gens du pays. Qu'entrait-il dans ce mélange ? C'est encore ici le secret du P. Caucher d'Alphonse Daudet; mais évidemment parmi les plantes choisies on pourrait distinguer dans la composition; l'angélique des pyrénées si commune dans les prairies granitiques ; le fenouil sauvage, vulgairement la *beaudrimoine* qui croît dans les pâturages des terrains feldspathiques ; c'est d'ailleurs la plante la plus aromatique des pelouses des Hautes-Chaumes ; la véronique appelée *thé d'Europe* commune sur les terrains sablonneux, le mille-pertuis des montagnes arraché aux escarpements, la reine des

près, si connue, l'anis et l'absinthe elle-
même très bien acclimatés dans les jar-
dins du Valtin.

Tout cela macéré, fermenté, constituait
une absinthe particulièrement odorante.

Dans ce pays du Valtin on distille encore : 1° la framboise des forêts qui acquiert en ces parages une saveur plus
prononcée ; 2° le fruit rouge de l'alisier
qui croît sous trois espèces dans les bois
du Hohneck ; 3° le sureau à grappes ou
sureau des Vosges, aux fleurs jaunâtres
et aux baies rouges qui donne une eau-
de-vie si propre à la médication des enflu-
res et des foulures ; 4° le fruit gelé de l'é-
glantier dont la liqueur est si finement
parfumée de rose ; 5° la myrtille aux propriétés si diurétiques ; 6° enfin la fameuse
gentiane qui ne croît plus au bas de 1.000
mètres d'altitude et foisonne sur les pelouses élevées, dans les terrains de transition. La gentiane (*gentiana lutea, gentiana campestris*), qui demande tant de
soins au conditionneur pour l'amener à
donner ce nectar nauséabond, mais si

salutaire aux estomacs pénibles et aux viscères en révolution.

La cueillette de la gentiane n'est permise qu'à une certaine époque fixée, et seulement à certaines personnes autorisées.

Voilà donc encore une industrie que la loi sur les bouilleurs de crû ne relèvera pas.

Cette contrée du Valtin si sauvage et si grandiose a été appelée la *Sibérie des Vosges*. Cependant la solitude et la beauté du site sont loin de faire au visiteur une impression si terrible. En hiver le climat y est très rude, avec des neiges profondes et malgré cela ou peut-être à cause de cela le paysage revêt une majesté sévère, une paix si grandiose qui sortent de l'ordinaire. La nature y parle à l'âme, comme à l'imagination.

En été la température y est suave, délicieuse, balsamique ; aussi des villas estivales commencent à s'y égarer.

Les Allemands appellent le Valtin *Kaltvasser, Eau froide.* En effet les eaux de

ces régions, toutes ces fontaines, toutes
ces sources, sont au milieu des plus grandes chaleurs de l'été d'une fraîcheur gla-
ciale, tandis que, pendant l'hiver, elles
sont d'une température assez douce, si
bien que, comme le dit la légende, « chacun peut puiser sans danger ne dommage
à cette eau *toujours fraîche en été, toujours douce en la froidure.* »

Le mot Valtin est lui-même allemand,
in Vald, en forêt.

Continuons notre recherche étymologi-
que et demandons-nous d'où vient ce
mot : *La Meurthe*. M. le Dr Fournier va
nous l'apprendre.

« Ecrite très souvent, dit-il, sous le nom
de *Morta, Morte* (XIIe siècle) on pourrait se
demander si ce nom de Meurthe n'indique
pas un cours lent. Jadis, il devait être
moins rapide que de nos jours ; la vallée
très marécageuse, les méandres nombreux
comme on en voit encore aujourd'hui a
du provoquer bien des stationnements de
l'eau et par conséquent un ralentissement
dans sa marche. L'eau devait s'arrêter

dans ces nombreux marécages et y former des *Mortes*. »

Voici, toujours d'après le même au·teur (1), les différents noms par lesquels, à différentes époques on désignait la Meurthe : « *Murtha fluvius oriens in vosago* (667) *flumen murthœ* (671); *Murt* (880) *fluvius Mort* (912) ; *fluvius qui dicetur Mortus* (923) *fluvius Mortuus* (935) *Aqua nomine Murth.* (1073) *Murthis* (1156) *Morta fluvius* (XIIe siècle) *la rivière de Muerth* (1289); *Murt* (1318); *Mur* (1325); *Meurt* (1420) *Meudz* (1424); *Meux* (1429) *Mœurth.* (1576) *Murthe* (1591) *Meurth* (1600).

Enfin pour compléter ce que nous avons dit des sources de la Meurthe, citons les quelques lignes suivantes de Durival. Elles nous prouvent que le nom de *Montabeu* ou Montabey, particulier aujourd'hui à la chaume près de la Schlucht était donné à la montagne tout entière qui recèle les ruisseaux de la Combe : « La rivière de Meurthe écrit Durival, a

(1) Bassin de la Meurthe.

deux sources à l'extrémité méridionale du
Bailliage de Saint-Diey ; l'une part du
grand-Valtin, où commence aussi la Vologne ; l'autre descend de *Montabeu*,
montagne sur laquelle la grande carte de
Jaillot place un château dont il n'y a pas
même de vestiges. »

Quel fut ce château a jamais disparu et
oublié ? Si ces ruines ne sont plus là pour
attester son existence, ne peut-on pas
croire que la légende de Odette de Montabey, en est, elle, un vestige demeuré
dans les traditions populaires ?

Le géographe Jaillot publiait sa grande
carte vers 1668.

CHAPITRE IV

La cascade du Rudlin. — L'étang et la scierie des Dames. — Le col du Luspach. — La chasse dans les Hautes-Vosges.

Formée par les multiples ruisseaux du
Rambach et de la Combe, la Grande

Meurthe quitte le Valtin pour courir vers le Nord ; à travers une vallée délicieuse, quoique toujours sauvage ; contournant dans sa plus profonde sinuosité, le massif qui la sépare de sa sœur jumelle, la Petite Meurthe.

A sa gauche se dressent les pentes raides de ce massif, aux sommets vigoureusement boisés ; à la base agréablement variée de fourrières, de prairies et de roches granitiques.

D'après le partage fait entre les héritiers de la famille de Clinchamp, derniers seigneurs du Ban de Fraize ; ces forêts forment le domaine patrimonial de la famille de Bazelaire de Lesseux (1). Les pâturages sont la propriété de la commune du Valtin.

La rive droite est fermée par la chaîne même des Vosges, que dominent ici les Hautes-Chaumes. A partir du *Thalet*, jusqu'à la limite des territoires du Valtin et de Plainfaing ; nous cheminons de ce côté, sur les propriétés des Hospices de Nancy,

(1) Voir *Légendes et Souvenirs des Hautes-Vosges : L'ermitage du Rudlin.*

qui obtienrent ce lot de futaies comme copartageant de la même succession.

Une particularité de la Meurthe entre le Valtin et le Rudlin : ses eaux disparaissent tout-à-coup et continuent à couler sous le lit desséché, laissant à nu les pauvres cailloux et les blocs de pierres ; pour ressortir, à un kilomètre plus loin. Ce cours clandestin va de la *Praye* jusqu'à la ferme de *l'Ermitage* qui sert de limite entre le Valtin et le Rudlin. Nous aurons encore à constater plusieurs fois le même phénomène au fil de notre voyage.

Des Hautes-Chaumes à travers la forêt et la prairie dégringolent encore dans la Meurthe divers torrenticules. La plupart ne se révèlent que par le bruit profond de leurs eaux encaissées; cachés qu'ils sont, sous la futaie ou les blocs morainiques.

Le plus connu est le torrent du Rudlin, issant du *Gazon-du-Faing*, et formant, plus bas, dans la forêt, la cascade si réputée.

Un sentier qui grimpe à l'est sous bois

y mène les touristes. Occupant un angle de la montagne, la cascade du Rudlin, bondit à cent mètres au-dessus du fond de la vallée. D'une hauteur de dix-neuf mètres, le torrent tombe dans un bassin qu'il s'est creusé, pour cascader ensuite de roche en roche.

Cette cascade du Rudlin, si connue, si visitée, a été bien souvent décrite : « Si « l'on monte l'étroit sentier qui longe le torrent », dit M. Schœndorff, dans sa charmante description qui nous promène de Fraize à la Schlucht ; « on trouve à « une centaine de mètres plus haut la « chute supérieure. Le ruisseau se divise « en deux branches, où l'eau, dans son « cours rapide, tantôt s'élargissant com- « me une nappe argentée, tantôt se rétré- « cissant pour tomber en une seule masse « forme une suite non interrompue de « petites cascades (1).

La cascade du Rudlin est encadrée dans une luxuriante végétation dont M. Ed. de

(1) *Bulletin de la Société Philomatique*, 16e an- née, p. 231.

Bazelaire nous a fait une peinture aussi exacte que gracieuse et poétique. Outre les plantes que nous avons signalées plus haut comme familières aux torrents, la flore se complète ici par le tremble et le bouleau mélancolique qui « balancent leurs « légers rameaux, et les mêlent au feuil-« lage touffu du hêtre, à la sombre ver-« dure du sapin, qui, cramponné au ro-« cher nu l'enlace de ses serres, et pousse « au loin ses racines, comme des ser-« pents, pour puiser la nourriture.

« A l'entour les festons grimpants des « convolvulus en fleurs, les sarments des « lianes, les guirlandes des liserons, les « blancs nénuphars, les vertes palmes des « fougères, les gerbes d'églantiers embau-« més, les buissons d'aubépine, entrela-« cent leurs tiges flexibles, et l'infinie va-« riété des mousses et des plantes parié-« taires tapisse les rochers... » (1)

Reprenons le cours de la rivière; et nous voilà bientôt devant la chapelle de Saint-

(1) Ed. de Bazelaire : Promenades dans les Vos-ges, p. 56.

4

Jean-Baptiste dont nous connaissons la légende. Voici, tout près, l'étang des *Dames* dont les eaux prennent des reflets indigo sous le vert-noir des sapins.

Cet étang creusé de main d'homme est chargé de recueillir les eaux de la Meurthe qui s'y précipite dailleurs tout entière et dont le trop plein se déverse dans un canal en bordure.

C'est pour les besoins de la scierie des *Dames* et des autres du Rudlin que l'on a ainsi emmagasiné les eaux, afin de produire des chutes, et transformer déjà en force motrice, en ouvrière intelligente la Meurthe encore enfant, à peine sortie des flancs de la montagne.

L'étang des *Dames* a pris son nom à la scierie; le finage dans lequel il est creusé s'appelait lui-même le pré *des Dames.*

Pourquoi cette dénomination ? Serait-ce un dernier vestige des châtelaines qui venaient en ces parages assister aux grandes chasses? Avaient-elles là un pied-à-terre, converti plus tard en scierie ?

Nous croyons savoir d'après d'anciens titres assez hiéroglyphiques, appartenant à la famille de Lesseux, déchiffrés par M. Th. Schumacher, que le pré des *Dames* s'intitulait jadis le pré de *Damy*. Damy était le nom familier d'un ancien seigneur de ces pays qui affectionnait particulièrement le Rudlin. Il y faisait de longs séjours, et c'est lui qui fit construire la première scierie que l'on dénomma scierie de *Damy*. On voit encore près de l'étang, qui est récent, quelques ruines de cette ancienne scierie.

La nouvelle scierie des *Dames* ou de *Damy* s'élève un peu plus loin. Construite par son propriétaire M. Oct. de Lesseux; elle offre certainement ce qu'il y a de mieux dans le genre, comme perfection de mécanisme et d'outillage. Les troncs d'arbres y sont coupés par un haut-fer à plusieurs lames, avec scie de côté et scie circulaire pouvant fabriquer annuellement cent mille planches de sapin.

Arrivée au Rudlin (704 m.), la Meurthe, qui courait vers le Nord, tourne brusquement à l'Ouest. C'est à ce coude qu'elle reçoit le ruisseau du *Luspach* qui sort du col homonyme.

La chaîne des Vosges, qui, de la Schlucht suivait une direction Sud-Nord, s'infléchit au niveau du col du Luspach, vers l'Ouest; la coupure opérée par ce changement de direction constitue le col (976 m.), ouvert en dos de chameau à deux bosses, dont l'une serait au Nord à 1.077 mètres d'altitude et l'autre à l'Est à 1.291 mètres.

Après cette inflexion, qui change l'axe du massif montagneux, la vallée du Luspach devient le prolongement de celle du Valtin; les deux se succèdent comme un temple à un péristyle. Rien n'est plus admirable que de contempler du col du Luspach cette prolongation de la vallée jusqu'au Valtin, et réciproquement. La vallée du Luspach donne du recul à celle du Valtin et celle du Valtin à celle du Luspach; l'une étant le complément de l'autre, et toutes deux, fermées par les massifs, paraissant sans issues.

Le ruisseau du Luspach descend de

cascades en cascades sur la lisière d'une
forêt de pins dont il baigne les pieds, tout
en arrosant des prairies semées de morai-
nes. L'antique sentier qui, du Rudlin,
donne accès au Luspach, est raide entre
tous :

« Montant, rocailleux, malaisé,
« Et de tous les côtés au soleil exposé. »

Mais, dès le début de cette montée, se
grefle le nouveau chemin, genre forestier,
pittoresquement tracé sous bois, longeant
par des lacets bien compris, le flanc de la
montagne qui conduit à la crête des chaumes du Lac Blanc.

Le col du Luspach fait la limite franco-
allemande; la ferme-auberge est à cheval
sur la frontière; le corps du logis est en
France et les écuries en Alsace.

Les forêts des Vosges furent jadis le
théâtre de chasses célèbres : ces hautes
futaies qui abritent les sources de la Meurthe ; aussi bien que les noires sapinières des
contreforts qui dominent la vallée, dans le
haut cours de la rivière, fréquemment ont
retenti du tumulte des grandes battues et

des rudes chevauchées de la chasse à courre.

Mais l'écho de ces fêtes cynégétiques est bien lointain, et les hallalis joyeux se sont évanouis dans la nuit des temps mérovingiens et carolingiens... avec le gibier de cette époque héroïque.

Le gibier moderne, d'ailleurs, serait incapable d'alimenter cette passion royale. Il est assez vulgaire, comparé à la faune antique dont la richesse peut-être suffisamment appréciée par les gisements fossiles des régions montagneuses.

Aussi bien, ne serait-il pas intéressant, tandis que nous sommes sur les rives granitiques de la Meurthe montagnarde ; de suivre par le souvenir, les antiques chasseurs, les veneurs seigneuriaux, à travers ces forêts et ces chaumes ; dans leurs courses presques fantastiques, vers un gibier à jamais disparu ; ne serait-il pas curieux surtout de connaître ce gibier légendaire qui fut véritablement l'hôte de la sylve vosgienne ?

Et, puisque les savants naturalistes lorrains sont là pour nous guider et nous renseigner sur la faune ancienne des temps géologiques ; si vous le voulez, nous les interrogerons.

Voici d'abord ce que nous répond Monsieur le professeur Bleicher (1).

« Ce que l'on sait de la faune de nos Vosges jusqu'à l'époque tertiaire, ne se rapporte guère qu'aux animaux marins, mais à partir du dépôt de l'olégocène sur les flancs de la chaîne, les mammifères et les mollusques prennent de l'importance.

« Il faut arriver à la période quaternaire pour essayer de rattacher avec quelque chance de succès les animaux de nos jours à une faune disparue. »

Parmi les grands mammifères de cette époque le savant professeur cite ceux qui ont laissé quelque trace dans les documents les plus anciens. Voici les plus connus les plus intéressants : Le renne, l'auroch, le bison, le chamois, le bouquetin, le cheval, le lynx, l'ours brun, le loup, l'élan, le cerf, le chamois, le chevreuil, le

(1) Les Vosges pp. 209-210.

daim, le sanglier ; qui vivaient dans les solitudes des Vosges, et dont on a trouvé des traces surtout sur le versant alsacien.

Les commentaires de César mentionnent le renne comme existant encore dans les Vosges, à l'époque de la conquête de la Gaule.

C'est l'auroch ou bœuf gigantesque à grandes cornes qui a laissé le plus de traces dans les alluvions, grottes, etc. C'était le gibier préféré des rois de la 1re et de la 2e dynastie. Quant au bison ou Wisent, il semble avoir été plus rare. A ces deux espèces on peut rattacher également le bœuf sauvage qui n'était autre que le bœuf ordinaire à l'état sauvage. Le naturaliste Tschudi affirme que l'on chassait encore le bœuf dans les Vosges au XVIe siècle. Il n'y a pas bien longtemps non plus que le bouquetin a disparu de nos Vosges, puisqu'en 1798, un bouquetin fut tué au Vurzelstein et un autre en 1810 au Hohneck.

Parmi le gibier des grandes chasses royales et seigneuriales, le poète Venan-

lius Fortunatus cite le nom de *capræ* que
plusieurs auteurs traduisent par *chamois*
et *antilope* ; ce qui est logique, puisque
dans les gisements alsaciens on a retrouvé
des fossiles de ces animaux. Le même
poète nous mentionne également les *héli-
ces* que l'on traduit par *elans*.

Le cerf des tourbières, aux grands bois
palmés fut jadis un gibier très renommé.
Sous Louis XIV les chanoines de Marbach
chassaient encore le cerf au Lengenberg.
Aujourd'hui l'on ne rencontre plus guère
le cerf que dans les forêts de Schirmeck
et de Raon-sur-Plaine.

Croirait-on que le cerf puisse avoir quelque analogie avec la médecine ? Nos pères
plus pratiques, mais aussi plus supersti-
tieux que nous, hommes du progrès, con-
servaient maintes recettes médicales ba-
sées sur des plantes ou sur la chair des
animaux; et dont l'inefficacité n'a pas encore été prouvée. Par exemple, il est dit
dans un très vieil auteur :

« La cendre de la corne de cerf, bien lavée
« et prise en breuvage à la dose de deux

« cuillerées est bonne aux dévoyements du
« ventre, aux fluxions de l'estomac, crache-
« ments de sang, jaunisse... etc. » Pour
« brusler la corne de cerf on la concasse,
« puis la met-on calciner en un pot de terre,
« bien rembouché et le laisse-t-on au four
« jusqu'à ce qu'il soit pleinement cuict et que
« la corne de cerf soit blanche. Etant lavée
« elle est bonne aux ulcères et défluxions des
« yeux et nettoye les dents, si on les en
« frotte. Le parfum de corne de cerf crue fait
« fuyr les serpents. Le décoction de la corne
« du cerf oste la douleur aux petits enfants
« qui jettent leurs dents et s'en lavent la
« bouche. » (1).

Mais revenons à nos... mammifères et
n'oublions point de citer le cheval sauvage
qui vivait dans nos montagnes en troupes
nombreuses, jusqu'au XVIe siècle. « Parmi
les animaux qui vivent dans les Vosges,
écrit Roeslin (2), il faut surtout remarquer
les chevaux sauvages. Ils se tiennent dans
les forêts et les montagnes, pourvoyant
eux-mêmes à leur entretien, se reprodui-

---

(1) Commentaire de Matthiollus, sur les 6 livres
de Dioscoride. Liv II. ch. LII. (1627).

(2) Cité par Bleicher.

sant et se multipliant par toutes les sai-
sons. En hiver, ils cherchent un abri sous
les rochers, se nourrissant comme le grand
gibier, de genêts, de bruyères, de branches
d'arbres. Ils sont plus farouches et plus
sauvages que les cerfs, et aussi difficiles
à prendre. »

. On les capturait, au moyen de lacs, pour
les réduire en domesticité, et ils devenaient
des chevaux d'élite égalant les coursiers
espagnols. Peut-être même pourrait-on re-
trouver, par effet de l'atavisme, quelques
traits de ces anciens animaux, dans nos
chevaux campagnards, de petite taille, au
poil rude et à la tête forte; cette vaillante
race lorraine proscrite de nos haras offi-
ciels, et destinée, hélas, à disparaître.

On mangeait aussi la chair des chevaux
sauvages, comme le prouve le *Liber bene-
dictionum*, de l'an 1000, du monastère de
Saint-Gall.

Le lynx ne disparut pas de l'Alsace avant
le XVIIᵉ siècle; Ch. Grad nous apprend que
la peau de cet animal, tué dans les forêts
des Hautes-Vosges, revenait de droit, aux

seigneurs du pays, les sires de Ribeaupierre.

L'ours brun fut longtemps habitant de
nos montagnes. Les abbés de Munster
avaient droit aux pattes des ours que l'on
poursuivait et tuait comme animaux nui-
sibles, dans les environs du val de Saint-
Grégoire, et les sires de Ribeaupierre
exigeaient encore de leurs sujets vosgiens
non seulement les quatre pattes, mais la
tête longue coupée des ours tués dans
leurs domaines.

La chasse était un droit seigneurial
dont le grand feudataire n'abandonnait
jamais le bénéfice. Si le bien public exi-
geait la destruction des animaux malfai-
sants, le serf avait la permission de les
abattre, mais à la condition d'en apporter
au Maître les pattes ou la tête, en hom-
mage et reconnaissance du droit seigneurial.

Aussi, dans les baux de fermage, le
seigneur en ascensant ses terres se ré-
servait toujours ce droit de chasse. Consacré par sa naissance à la carrière des

armes, il trouvait dans les grandes forêts,
dans les courses et les aventures cynégétiques, le champ de manœuvres et les
palpitantes émotions qui l'aguerrissaient ;
lui apprenant le mépris du danger.

Vers la fin du XVIIe siècle, l'ours qui
avait presque disparu précédemment,
commença à faire de grands dégats sur
les chaumes. Il avait repris possession de
nos forêts et venait ravager la plaine
d'Alsace et les villages vosgiens-lorrains.

« Une chasse implacable refoule dans
la grande montagne ces hôtes importuns,
mais longtemps, écrit M. Boyé, les marcaires auront à redouter leur voisinage.
Les flancs abrupts du Honeck en abritent
les derniers représentants et dans le
Munstershthal, six ou sept ours seront
tués de 1725 à 1755. L'espèce ne s'étein-
dra dans les Vosges qu'après 1760 (1)

Silbermann a laissé le récit d'après un
témoin oculaire de la chasse faite à un
ours des Vosges ; l'animal s'était refugié
sur un rocher près du Lac Blanc où il fut
abattu, vers 1755.

---

(1) Les Hautes-Chaumes des Vosges, p. 302.

Le loup a fait surtout dans les forêts vosgiennes de grands dégats ; aujourd'hui il est rare chez nous ; on le rencontre plus tôt dans les Basses Vosges.

Une ordonnance de Léopold du 8 juillet 1698, nous montre les précautions prises contre ces bêtes malfaisantes.

« Les Ordonnances que nos prédécesseurs ducs ont fait pour empêcher les désordres que les loups font ordinairement, ont été si mal observées jusques à présent, qu'ils se sont tellement multipliez, qu'il n'y a point de village dans nos Etats qui ne soit incommodé des ravages et des maux que ces animaux font de toutes parts. Pour à quoi remédier nous ordonnons de faire rétablir les anciennes louvières et d'en faire de nou-velles deux en chaque village, scavoir, une à chaque bout, dans les avenues, lesquelles louvières auront 20 pieds de profondeur, 18 pieds de large au fond et 12 par le haut. » (1)

Faut-il rappeler la légende du loup de Saint-Dié ?

Saint-Dié venait de s'établir au pied du

(1 Recueil des Edits, Ordonnances de Léopold Ier, tome I. (1723) p. 30

Kemberg, sur les bords de la Meurthe ;
dans cet endroit alors désert, il recevait
pour ainsi dire miraculeusement sa nourriture. Le seigneur Hunnon et son épouse
Hunne lui envoyaient sa nourriture sur
le dos d'un âne qui savait trouver la retraite du pieux solitaire. « Chaque semaine la pieuse Hunne chargeait un âne
de provisions et l'envoyait au saint évêque. Pendant plusieurs mois l'animal fit
le trajet aller et retour, sans conducteur
et sans encombre. Mais un jour un loup
affamé l'attaqua et le mit en pièces. Pour
punir le glouton, sainte Hunne le con-
damna à remplir l'office de sa victime, ce
qu'il fit assez longtemps, doux et appri-
voisé comme un animal domestique » (1).

La chasse au loup était libre, mais la
peau des animaux tués devait être donnée
au seigneur ; c'est ce que rappelle une
ordonnance du 19 novembre 1703.

Une autre ordonnance du même duc
défend la chasse au chevreuil et au san-

(1) Vie des Saints du diocèse de Saint-Dié, par
M. le Chanoine L'hôte, p. 444, t. I.

glier pendant trois ans; puis pour un temps illimité.

Le chevreuil et le sanglier sont les seuls animaux qui aient survécu à l'antique gibier. Ils forment actuellement le fonds de la faune des grands mammifères des Vosges.

Les Hautes Vosges, ajoute Fleicher sont également pauvres en mammifères de petite taille, tels que le renard, le lièvre. Les rongeurs tels que les martres, les fouines y sont plus communs. On les rencontre fréquemment dans les forêts du Valtin et du Rudlin; ainsi que l'écureuil, dont une espèce à la fois blanc et brun.

Dans les collines sous-vosgiennes se confine le *hamster* rongeur et le *schermauss*, taupe des montagnes, que l'on fusille à bout portant dans sa taupinière.

M. Schumacher, du Rudlin, possède un curieux spécimen d'une belette capturée au moment de la mue; ces jolies petites bêtes en effet, dans nos montagnes, sont blanches en hiver et grises en été; la belette du

musée de M. Schumacher est moitié
blanche, moitié brune ; ce qui va contre
l'opinion de certains naturalistes préten-
dant qu'il existait deux sortes de belettes,
les unes blanches, les autres noires.

Pauvres encore en oiseaux sont nos
montagnes. On signale particulièrement
au Hohneck le *Merula torquata* et sur les
Chaumes l'alouette commune et l'alouette
des buissons que capturent les pipeurs.

Le vrai corbeau, *corvus corax*, l'oiseau
permanent des Hautes Vosges, jadis très
répandu est devenu rare, mais la corneille
est fréquente.

Le vautour a presque disparu ; il y a
quelque 80 ans on en tuait encore à Saint-
Dié ; disparus aussi le faucon et l'épervier.

Ce que l'on chasse aujourd'hui, c'est la
grive, mais plutôt en plaine, le geai, la
perdrix grise, la gelinotte assez répandue
au Rudlin ; le ramier qui pullule et qui en
salmis est plus que parfait. On a prétendu
que la chair de cet oiseau possède la vertu
singulière de consoler des peines. Un
jour le maréchal de Mouchy faisait cet

5

aveu à ses amis. — Quand j'éprouve un malheur, je me fais servir deux pigeons sauvages, et quand je les ai mangés j'ai beaucoup moins de chagrin.

Evidemment on peut en dire autant de la tendre tourterelle.

Mais la chasse à la plume la plus enviée est celle du coq de bruyère. Le grand tétras, le roi de la montagne, fut toujours réputé dans les Vosges, le premier parmi les gallinacés ; et de tout temps il fut un morceau triomphal, un mets d'apparat, la pièce d'honneur des festins. Il est, en effet, magnifique de plumage, excellent de chair et difficile de capture. Jadis il n'apparaissait que sur la table des princes, des grande seigneurs, des riches abbés.

« Le coq de bruyère, dit M. Gérard (1), n'était pas seulement un mets seigneurial, il avait un autre privilège encore, il était admis à la table des grands comme une victime héroïque, couvert de l'éclatante parure qu'il avait promenée dans la liberté des grands bois. Un coq de bruyère

(1) L'ancienne Alsace à table, p. 23

détruit et sacrifié au dieu de la bonne chère était un évènement déjà au commencement du XVIIe siècle. »

Le plumage du coq de bruyère que nous appelons le *grand tetras,* et que les Allemands nomment l'*auerhan,* diffère beaucoup de celui de sa femelle que l'on appelle *La Rousse.* Le corps est brun moiré, la queue longue, large, tachetée de blanc, le poitrail ressemble à une plaque de métal aux reflets vert-bronzés, le cou est noir bleuté comme la tête, les yeux sont cerclés d'écarlate et sous son bec d'ivoire jauni pend une forte barbiche. La femelle a le plumage roux tacheté de brun et de blanc, le poitrail doré, les yeux pourprés. Les griannaux, ou petits coqs de l'année, ont le plumage de la rousse avec des tons plus foncés.

Le grand tétras se plaît dans les futaies des hauteurs, sur les chaumes, il y vit seul ; on le chasse surtout en septembre et octobre.

« Ce gibier, dit M. Gridel (1) qui nous

(1) **Chasses des Vosges.** — Souvenirs d'un louvetier. E. Gridel, pp. 54 et 55.

donne sur le coq de bruyère d'amples renseignements, est le plus puissant attrait de nos battues. Son apparition devient l'évènement de la journée.

« Des rabatteurs sont entrés dans l'enceinte ; leurs voix sonores font vibrer les échos des vallons. Tout à coup un bruit se fait entendre, qui domine tous les bruits, le cri : *A jau, au coq,* retentit... Le coq s'avance, le cou tendu, les ailes immobiles, il rase la cîme des pins ; le soleil fait miroiter son plumage et lui donne des reflets d'acier ; c'est bien alors qu'on peut dire de lui : « Voilà le roi de la montagne ! » Un coup de feu éclate, puis deux, trois ! Le noble oiseau secoue les ailes, laisse tomber quelques plumes, passe, et plusieurs nez s'allongent ! Mais parfois aussi ses jours sont comptés et il vient tomber lourdement aux pieds du privilégié dont le carnet de chasse va enregistrer un nouveau triomphe. »

On chasse le tétras non seulement avec le chien d'arrêt, mais encore par d'autres procédés qui sont plutôt l'apanage, la ressource des braconniers. La véritable chasse du braconnier est la chasse au chant et se pratique vers la fin d'avril.

Le chant du coq de bruyère n'est rien moins qu'agréable et harmonieux, mais il a cet attrait particulier de tout ce qui est rare et inconnu.

La chasse aux sangliers offre encore aux disciples de St Hubert, dans ces montagnes de la Haute-Meurthe les puissantes émotions cynégétiques qui faisaient la joie des anciens seigneurs de ces pays.

La tradition a conservé le souvenir des chasses des vieux rois, de Dagobert, de Sigebert d'Austrasie qui chassait depuis Bâle jusqu'à Strasbourg, de Charlemagne, dans les vallées de Liepvre, de Münster, dans les montagnes de la Schlucht, de Louis-le-Débonnaire dans la vallée de St-Amarin et dont les chroniques de Saint-Denis nous disent : « *Et li emperes s'en alla chacier en la forêt de Vouge ;* » de Frédéric Barberousse qui transporta les insignes impériaux dans la forêt de Haguenau, sa chasse de prédilection, d'Anselme de Ribeaupierre, qui, à la poursuite d'un cerf, se précipita à cheval, du haut d'un rocher de la forêt de Ribeauvillé, de tous ces veneurs, de tous ces barons féodaux chassant sans relâche dans nos rudes montagnes et des jolies et hardies chatelaines qui les suivaient, s'associant à la course, l'oiseau de proie sur le poing, entourées de leurs pages, de leurs varlets et de leurs fauconniers ! Ah ! quels souvenirs héroïques !

Nos forêts vosgiennes offrirent toujours des chasses réservées, du temps de Charlemagne, aux ducs de Lorraine qui y avaient de préférence leurs plaisirs.

CHAPITRE V

L'Industrie moderne dans la région de la Haute-Meurthe.

De ces temps lointains où nous ont emportés les chasses antiques, revenons prosaïquement au Rudlin, pour y compléter notre statistique industrielle.

Ici encore il faut signaler la scierie Petitdemange, appelée *scierie du Trou,* jadis une des plus actives, qui ne possède plus aujourd'hui qu'une scie circulaire et ne fabrique guère que des lattes à plâtrer, des planchettes d'emballage.

Déjà la Meurthe, en cet endroit, s'affirme et prend tout à fait les allures d'une rivière, après avoir supporté l'endiguement elle reprend sa liberté avec son lit de cailloux, en sautant deux ou trois vannes qui lui font un escalier qu'elle descend en grondant, écumant même, comme une grande dame dérangée dans sa marche.

De cette vanne, un petit canal qui ventouse la rivière, dessert la scierie des *Sarrazins,* autre propriété de M. de Lesseux, mais dont le débit annuel n'est que d'environ trente mille planches.

Voici la scierie *Haxaire,* qui date d'une trentaine d'années seulement. Elle appartient à la société des granits et porphyres des Vosges, dont le siège est à Saint-

Amé ; cinquante mille planches de produit annuel.

Toujours sur la Meurthe nous trouvons les restes de l'ancienne usine, taille de granit.

Ainsi l'on ne sciait pas seulement le bois mais encore les granits du pays. Arrêtons-nous un instant à cette industrie, rare en France ; notons cette tentative de scie circulaire, armée de petits couteaux orbiculaires d'acier, qui découpait les blocs amenés de la montagne. C'était une initiative qui pouvait devenir féconde, mais elle ne trouva point les encouragements qui permettent de traverser l'âge critique.

Commencée il y a vingt ans, elle a lutté près de 15 ans avec une énergie digne d'un meilleur sort. On ne peut se faire une idée du travail que représentait cette usine de granit. Elle reste là, aujourd'hui, simple hangar à taille, pour affirmer l'audacieux effort du génie vosgien, conception cyclopéenne qui n'avait pas reculé devant le projet d'amener de la montagne des rochers entiers enlevés à la dynamite. C'était véritablement transporter les montagnes avec la foi, le courage, l'énergie du travailleur.

La rivière dont le cours s'était accentué vers l'Ouest, traverse un vallon encaissé, au galbe très accusé ; bientôt elle est refoulée par le promontoire de *l'Arpeuty* qui s'ouvre en manière d'entonnoir pour former le gouffre de *Xéfosse*.

Xéfosse qui étymologiquement signifie *trou essarté*, s'appelle aussi *Prépoiteu* ; *pré du trou.*

Le trou de Xéfosse que l'on aperçoit à peine de la vallée mérite une visite pour sa grandiose sauvagerie. Ecartons-nous un instant de la route et laissons la rivière pour explorer ce gouffre. On dirait l'entrée des enfers : les eaux jaillissent des parois en amphithéâtre et se rassemblent pour former le ruisseau de Xéfosse bondissant et clair comme la Meurthe qu'il va rejoindre.

Jadis l'immense cuve était pleine, Xéfosse formait un lac, rival de celui de La

Meix. Les eaux retenues par une digue
naturelle, sans doute une ancienne mo-
raine, offraient un miroir où le ciel venait
se refléter dans son cadre noir de rochers
et de forêts.

D'après la tradition, dit M. de Golbery, le
barrage qui retenait ses eaux se serait
rompu sous les efforts d'un animal mons-
trueux. Des sondages en effet ont révélé
la présence de troncs d'arbres submergés
depuis des siècles, ayant l'apparence et la
dureté du lignite.

L'existence plus ou moins avérée du lac
disparu a donné lieu à la Légende de Prépoiteu que M. de Golbery a consignée.
Tous les guides l'ont rappelée. Nous la
donnons de nouveau dans le texte même
de M. de Golbery (1).

Il y a bien une centaine d'années, et plus
longtemps encore, deux hommes de la vallée
de Fraize nommés Lhôte et Haxaire, l'un
charron et l'autre menuisier, étaient allés
marquer des sapins dans ce canton de forêts,
qui était propriété du seigneur de Fraize ; ne

(1) Bulletin de la *Société Philomatique*, 4ᵉ
année page 123.

croyez pas qu'ils allaient voler le bien d'autrui ; à cette époque touc homme de la vallée travaillant le bois avait le droit octroyé par son seigneur d'aller couper deux sapins dans sa forêt ; et cela, chaque année. Comme Prépoiteu était loin de leur village, ils emportèrent avec eux leur dîner, composé de pain et de viande, qu'ils accrochèrent aux branches d'un arbie, et de vin, qu'ils mirent au frais, sous la mousse tapissant le sol de la forêt. Quánd vint l'heure du repas, à leur grand désappointement, ils ne trouvèrent plus que le vin; pain et viande avaient disparu. Ils durent redescendre dans la vallée pour manger. Aussi le lendemain prirent-ils plus de soin de leur provende qui, malgré ces précautions, disparut également. Le troisième jour, décidés à prendre le voleur, ils s'armèrent d'un fusil, et pendant que Haxaire travaillait, Lhôte faisait le guet près de l'arbre qui leur servait de garde-manger. Au bout de quelque temps il vit un énorme serpent ramper vers l'arbre, s'enrouler autour du tronc et ouvrir une large gueule pour engloutir les provisions. Lhôte, glacé de terreur, tira néanmoins et atteignit le monstre qui plongea dans le lac en poussant un sifflement terrible. Mais il avait pris un tel élan qu'il perça la montagne, y creusant une large tranchée par où les eaux se précipitèrent et se répandirent dans la vallée, en détruisant tout sur leur passage. Jusqu'au village des Aulnes, en aval de Fraize, arbres, maisons, cultures, tout fut ravagé. »

Lhôte avait dit vrai, le cadavre du monstre, charrié par les eaux, fut retrouvé près du moulin des Aulnes, dans un pré où le flot l'abandonna en se retirant.

Pour visiter le gouffre de Xéfosse nous avons croisé la scierie du *Chaurain* à 200 mètres de la rivière; un canal qui en prend les eaux, active cette scie outillée à la moderne, (scie circulaire à rouleau). Elle date de 1848, et compte parmi les plus importantes de la vallée puisqu'elle fabrique environ 20.000 planches par an. Elle reste la propriété de la famille Henri-George de Fraize qui l'a construite sur l'ancienne route de Xéfosse au Rudlin.

Il y a vingt ans que de Xéfosse, on a changé la direction de la route ; qui aujourd'hui contourne le promontoire, en un coude obtus, et suit la rivière plus facilement.

Grâce à ces circuits, à ces coudes faits par la rivière à travers la vallée, le touriste

allant de Plainfaing vers le Rudlin, voit
toujours la vallée fermée devant lui par
des à pics boisés, qui semblent s'écarter
tout à coup pour lui livrer passage ; tel
est surtout l'éffet que produisent les deux
pics de la *cirgoutte* et du *Pain-de-Sucre*
qui dominent Xéfosse.

Les hospices de Nancy possédent la
scierie de Xéfosse qui conserva longtemps
l'ancienne scie à bloc et qui peut produire
50.000 planches par année, comme la scierie
de *la Myre,* activée par le ruisseau qui
sort du gouffre et qui est encore une
propriété de la famille de Lesseux.

A Xéfosse, comme au Rudlin, de la nouvelle route on a aceès sur l'ancienne par
de rustiques ponts en pierre, aux arches
hardies et bien voûtées, qui enjambent
fièrement et gracieusement le lit diapré de
la rivière.

Il existait, paraît-il, à Xéfosse, mais à
une époque bien éloignée, un fondeur de
cloches dont la spécialité consistait à con-
fectionner les petites cloches, les sonnail-
les qui pendent au col des vaches, et dont

le clair carillon égaye encore la solitude des Hautes-Chaumes. Il trouvait la matière propre à son industrie dans les gisements d'antimoine répandus dans la montagne.

A partir de Xéfosse la vallée s'élargit, et désormais nous apprend M. Fournier (1) le fond en sera comblé par des diluviums et atterrissements de granits communs et roches anciennes.

Au-dessus de Habeaurupt, à environ 900 mètres d'altitude, sur le côté oriental de la ligne montagneuse que borde la vallée, à l'ouest se trouvent encore les *ruines* d'un ancien lac qui n'est plus aujourd'hui qu'une tourbière. Ce qui nous prouve de nouveau que tous ces golfes dans la montagne furent jadis occupés par les eaux, comme le sont, encore aujourd'hui, les régions de Gérardmer et des hauteurs alsaciennes.

Mais voici véritablement la vallée de Habeaurupt, avec Habeaurupt, La Truche,

---

(1) 2ᵐᵉ fascicule, Topographie ancienne du dép. des Vosges, page 7.

Noirgoutte, La Croix-des-Zelles; qui s'allongent au fil de l'eau, toujours dans la direction septentrionale.

La rive droite est cernée par l'inflexion de la chaîne centrale qui du ruisseau du Luspach, va se déprimant graduellement vers le ruisseau de Barençon, recélant dans les caprices de ses ondulations le hameau de la Hardalle. (1) A l'Ouest c'est le massif entre les deux Meurthes dans toute son ampleur. Des deux côtés, ce sont des pentes raides, au faîte tantôt couronné de sombre verdure, tantôt chauve et gris, avec un fouillis de rocs, de terrains incultes au milieu desquels apparaissent quelque champs en culture.

Au fond, la rivière court, argentine et rapide, irriguant, du moins dans la haute vallée, de vertes prairies, fraîches et souriantes. Ici, en effet, l'industrie n'a pas fait oublier la culture et ce grand faubourg

---

(1) Pour la section de la Haute-Meurthe on peut consulter la carte claire et complète de M. Jacquerez, dans le *Guide du Touriste dans le canton de Fraize.*

industriel, formé par les maisons qui se
pressent jusque Plainfaing est encore quelque peu agricole.

Cet ensemble, cette nature variée, par-
lante, romanesque à souhait ; c'est le charme de la vallée de Habeaurupt si pittoresque, si originale, encore trop peu connue,
des touristes et qui nous invite à répéter
ces paroles d'admiration et d'humour que
M. Steigmüler adresse à ses compagnons
d'excursion, dans la Préface de son Guide :
« Le coin de terre béni où la Providence
« nous a fait naitre ; il est si beau avec ses
« eaux vives, ses fraîches vallées, son ciel
« bleu et ses horizons de montagnes : Ho-
« race disait de son domaine de Tibur :

> « *Ille terrarum mihi præter omnes*
> « *Angulus ridet.*

« Je l'ai vu son *Tibur* et son *Anio præ-*
« *ceps* ça ne vaut pas Habeaurupt et la cas-
« cade du Rudlin. »

Habeaurupt si peuplé aujourd'hui était
aux siècles derniers, un endroit désert et
pauvre, habité seulement de quelques ma-
nants ; ses retraites servaient souvent

d'abri aux brigands, aux détrousseurs de grands chemins.

On a cherché l'étymologie de ce mot *Habeaurupt*, qui s'écrivait encore *Haboruz, Habaruz*, etc. Si nous en croyons une tradition cueillie en une interview locale, nous la trouverons dans cette vieille réputation de brigandage dont le pays était jadis gratifié : Un voyageur s'attardait-il dans ces parages, les brigands l'appréhendaient au collet, l'étranglaient pour jeter son cadavre au ruisseau, en criant « *Happ, au rupt !* » D'où serait venu *Habeaurupt !*

Jadis de Habeaurupt à Fraize, nulle maison n'égayait la route et la rivière ; l'œil devait se contenter des habitations semées sur le flanc de la montagne. Cet éparpillement des maisons, encloses, la plupart, d'un terrain à culture, est encore un des charmes de toute cette région de la haute montagne, jusqu'à Saint-Dié.

L'effet en est assez original et parfois plein de surprise pour le touriste qui débarque à la gare de Fraize. Il a la sensation du spectateur tombé au foyer d'un amphithéâtre profond, aux mille logettes, remplies d'yeux braqués sur lui.

Que de fois j'ai constaté cette expression d'étonnement sur les étrangers qui commencent à visiter notre pays, en face de ces coteaux où les villas, comme les sapins, ont poussé à des altitudes qui paraissent inhabitables.

Cette curieuse dispersion de maisons s'explique, d'après le docteur Fournier, par la nécessité qu'avait le montagnard de procéder à des défrichements sur les flancs de la montagne.

« Le terrain à défricher, dit-il, était d'autant plus éloigné du centre primitif que la population était plus dense ; les premiers venus commencèrent par les plaines et formèrent ainsi les centres primitifs ; puis on s'éleva sur les flancs des montagnes, et peu à peu, la population augmentant, il fallut s'éloigner et arriver presque aux sommets. Ces installations, au milieu de la région défrichée, ne permettaient pas le groupement, si bien que toutes les maisons ont été bâties à des distances plus ou moins grandes les unes des autres. » (1)

A Habeaurupt, signalons encore la scierie *Francin* qui, primitivement, fut un moulin, ensuite une fabrique de carton qu'un incendie détruisit, et la scierie *Florent,* bâtie aussi sur l'emplacement d'un ancien moulin et qui appartient à M. Cunin, de Saint-Dié.

Mais voici devant nous la filature de Habeaurupt, premier indice de la grande industrie cotonnière qui s'est emparée du pays pour le renouveler de fond en comble.

En effet, depuis bientôt un siècle, l'industrie a transformé la vallée à différents points de vue, économique, moral, statistique, etc.

Saluons d'abord son influence sur le développement rapide de la population. Aujourd'hui, celle du haut bassin de la Meurthe (Fraize, Plainfaing), s'élève à dix mille habitants environ ; en 1820, elle

---

(1) Topographie ancienne du département des Vosges. 2ᵐᵉ fascicule. Bassin de la Meurthe, pp. 8 et 9.

atteignait à peine le chiffre de quatre mille âmes.

De Habeaurupt à Fraize nous ne rencontrerons pas moins de douze usines, filatures ou tissages. Arrêtons-nous donc à cette première filature de Habeaurupt qui occupe le fond de la vallée, à gauche de la rivière. C'est du reste la plus ancienne, élevée par M. Géliot, qui par elle commença à propager l'iudustrie dans la vallée.

Bien que le tissage des *Fougères*, exploité aujourd'hui par M. Bluche, soit lui-même plus ancien que cette filature, on peut affirmer que M. Nicolas Géliot est le principal, le premier auteur de la transformation de cette vallée par l'industrie cotonnière.

C'est lui qui l'a lancée, qui l'a perfectionnée et l'a vue progresser en raison directe de ses efforts, de sa persévérance, de son intelligence. Aussi sa féconde initiative et son énergie lui font-elles une place à part dans l'histoire moderne de notre pays en lui assurant un titre supérieur à la reconnaissance des communes de Fraize et de Plainfaing

Que l'on se rappelle les statistiques que nous avons données dans l'*Etude historique sur l'ancien ban de Fraize* (1), avec les comptes des XVII² et XVIIIᵉ siècles, et l'on verra combien nos pères étaient loin de l'aisance alors ! A peu près tous, ils vivotaient misérablement, demandant péniblement à une terre ingrate le pain quotidien, sans plus.

D'un coup d'œil, M. Nicolas Géliot, en visitant la vallée de la Haute-Meurthe, devina les ressources que pouvaient offrir à l'industrie l'eau, la pierre, le bois de nos montagnes. C'est grâce à lui que s'introduisaient en ce pays, au siècle dernier, l'aisance, puis la fortune, versant sur toute la vallée sa corne d'abondance comme une fée bienfaisante.

L'industrie cotonnière traînait après elle en effet tout un ensemble d'industries secondaires, nécessitées par l'entretien des machines, la construction des bâti-

(1) Deuxième partie, chap. IV, page 136.

ments, des cités ouvrières, l'alimentation de ces populations dont les besoins augmentaient avec les ressources.

En 1835, quand M. Nicolas Géliot fit son apparition dans la vallée de la Meurthe, il avait trente ans. De race bourguignonne, il était né à *Selongey,* près de Dijon, mais pour venir bien jeune encore à Saint-Dié, avec ses frères, chez les dames Guy. Il appartient donc à cette ville par son éducation et ses études, faites au collège communal.

D'une vive intelligence, il avait l'esprit ouvert, curieux, pénétrant, avec une aptitude spéciale pour la mécanique ; aussi nous le trouvons bientôt jeune employé principal dans les usines de *Bitschwillers,* près de Thann, dans les fonderies de M. *Henri Stehelin,* croyons-nous, où l'on fabriquait en fonte très douce tout l'outillage mécanique des filatures, depuis les petites pièces jusqu'aux plus grandes.

M. Géliot était trop intelligent pour ne pas saisir vite les secrets de fabrication et trop sûr de lui pour ne pas essayer de voler de ses propres ailes. Il résolut de devenir lui-même industriel et comme la nature lui offrait gratuitement une force motrice, il sut l'utiliser.

Il chercha dans nos Vosges un endroit propice pour réaliser sa géniale conception. A cette époque l'eau était toute puissante, puisqu'elle constituait la seule force en activité. Il fallait simplement trouver un cours d'eau qui donna des chutes capables d'engendrer le mouvement nécessaire. La Meurthe lui tendait les bras, il accepta l'offre.

M. Géliot s'arrêta sur ses rives, par les montagnes de l'Alsace.

C'était en 1835, avons-nous dit ; le pays paraissait pauvre, et à un habitant lui faisant remarquer qu'il ne pouvait rien entreprendre de bon dans cette région sauvage et minable ; le jeune mécanicien répondit : « Comment, vous trouvez ce pays pauvre ! Je le vois, moi, avec d'autres yeux que vous, je le trouve riche ; riche en eau, riche en bois, riche en pierre ; c'est tout ce qu'il me faut pour construire et pour travailler ! »

Sans tarder, M. Géliot acquit le vieux moulin Fleurent, et sur son emplacement, avec ses économies d'employé, il commença de construire une filature. Au début il dut lutter contre l'inintelligence de ceux qui ne concevaient pas ses grandioses projets et qui le traitaient d'aventurier. On raconte encore dans le pays que personne, dans la crainte de ne point recevoir de salaire, ne voulait entreprendre le charroi du sable et de la pierre pour la construction de cet essai de filature. Mais en 1836, elle était debout. Elle comprenait un rez-de-chaussée, renfermant à peu près douze mille broches.

M. Géliot enrôla d'abord pour activer son usine tous les habitants de bonne volonté, tous les pauvres qui végétaient ; mais il dut faire venir aussi de l'Alsace bon nombre d'ouvriers déjà formés.

Lorsqu'au mois de mai 1836, la roue qui mesurait 11 m. 80 de diamètre se mit en mouvement pour la première fois sous l'action de l'eau, ce fut un événement dans toute la vallée, de tous les coins de la montagne on accourait pour contempler ce spectacle nouveau, pour voir cette roue ce *Deus ex machinâ*.

M. Géliot créa ensuite un tissage à bras dans une vieille maison sur le chemin du *Brecq*, et mit à sa tête un contremaître. Bientôt il eut des tissages à bras, en plusieurs hameaux, même à Scarupt.

Quelques années après, il réunit tous ces tissages en un seul, qui s'éleva un peu plus bas, sur le cours de la rivière à l'endroit où nous l'apercevons encore.

Le succès favorisa d'abord l'entreprise de M. Géliot; vers 1840, il augmenta sa filature de quatre étages et le nombre des broches s'accrut à proportion, avec le nombre des ouvriers.

La filature de Habeaurupt fut incendiée il y a dix ans; M. Dubach, son directeur, périt dans les flammes : tout fut détruit, mais, des cendres, surgit bientôt une nouvelle filature qui a profité des derniers perfectionnements : c'est un modèle du genre; bien éclairée, bien ventilée, à plusieurs étages, avec couverture formant réservoir d'eau. Elle renferme trente mille broches, avec l'outillage moderne.

Dans les premières années, l'eau donnait par sa roue une force de 70 chevaux; aujourd'hui cette force étant insuffisante, une machine à vapeur de 200 chevaux active les métiers, et classe cette usine parmi les premières.

C'est la vapeur qui est partout à présent la grande force; aucune fabrique de la vallée ne peut s'en passer; l'eau ne compte pour ainsi dire plus. Aussi, si M. N. Géliot en était seulement aujourd'hui à sa première entreprise, il est probable, puisque la vapeur lui eût donné la force motrice, qu'au lieu de choisir la vallée de la Meurthe, pour établir son industrie il eût préféré un pays plus accessible aux communications de transport soit par eau, ou par voie ferrée.

Merci donc à la rivière qui a su se faire valoir à temps !

Le développement du tissage de Habeaurupt ne fut pas moins rapide. Au début, sous la direction de MM. Harnepont et Dubach, il utilisait à peine cinquante ouvriers, travaillant à la navette volante, actuellement il occupe trois cents ouvriers, avec trois cents métiers nouveau modèle.

Près de la filature de Habeaurupt s'élèvent les premières cités ouvrières ; et nous en rencontrerons semées sur notre route jusqu'au delà de Fraize, même jusqu'à Saint-Dié, partout où l'industrie s'est . plantée sur les rives de la Meurthe.

Ici, elles constituent un quartier spécial, droitement aligné, que l'on appelle le faubourg *Sainte Thérèse*.

La société *N. Géliot et fils* loge dans ces casernes presque tous ses ouvriers, moyennant une modique rétribution. Chaque cité comprend six logements, chaque logement une cuisine et deux autres pièces.

Nous sommes maintenant à la *Truche* ; rappelons d'abord que la Truche est une corruption du mot *Trexau,* qui désigne un terrain inculte, devenu par la suite prairie. La Truche nous donne donc une . image bien exacte de la physionomie des lieux avant sa transformation par l'industrie; une solitude de prairies irriguées par la Meurthe.

A la Truche nous trouvons le tissage *des Fougères*, appartenant à M. Bluche. Il est si propre qu'il en est coquet, et le gracieux cottage du propriétaire complète le coup d'œil sur la rive droite de la Meurthe qui semble ici couler nonchalamment dans la prairie, lui donnant l'air aristocratique d'un parc et d'un jardin d'agrément.

Ce tissage est antérieur à la filature de M. Géliot. Il a été élevé par M. Veaucher, de Mulhouse, qui y tissait des filés venus de Lapoutroie. Plus tard il passa aux deux associés Martin et Bourlier, pour devenir enfin, il y a quinze ans, la propriété de M. Bluche.

La spécialité du tissage des Fougères, qui, grâce à des constructions récentes, renferme trois cents métiers, fut d'abord le coton fin, destiné à produire la mousseline. Cependant M. Bluche tisse tous les cotons.

Ajoutons qu'au début, M. Géliot lui-même n'employait que le coton brut, celui qui fait le calicot; désormais tout coton passe dans ses filatures et tissages.

Après la scierie de M. Constant Ruyer, qui débite trente mille planches par année, nous rencontrons le tissage dit de *la Truche*. Il date de 1847 et fut bâti sur l'emplacement d'une scierie par M. Dolfuss, de Mulhouse, qui possédait déjà la filature de Lapoutroie.

En 1874, le tissage de la Truche devient la propriété de la société Géliot. C'est l'usine complète, à la fois tissage et filature : tissage au rez-de-chaussée, filature à l'étage. C'est cette fabrique, activant aujourd'hui 300 métiers, qui employa la première turbine.

Le grand tissage *des Graviers* est plus récent; construit il y a vingt-trois ans par la société Géliot, il active 450 métiers.

Lui faisant face, se dressent les bâtiments de l'économat central, (boulangerie, boucherie, épicerie), qui date d'une vingtaine d'années et dont trois annexes sont à Habeaurupt, à Plainfaing, à Fraize.

Voici maintenant, à Noirgoutte, sur l'emplacement d'une ancienne scierie le tissage que M. Géliot construisit en 1854. Primitivement il était à trois étages, et marchait seulement à l'eau. La grande roue, œuvre de M. Richard, était une merveille; son inauguration fut une fête où se fit entendre la fanfare des ouvriers, car à cette époque, les ouvriers étaient déjà bien organisés ; ils possédaient une fanfare qui venait rehausser certaines so-lennités, comme la venue de Monseigneur l'Evêque ou de M. le Préfet !

M. Haussmann père, qui prit une si large part au développement de l'indus-trie dans la vallée et seconda si active-ment M. Géliot à ses débuts, fut le pre-mier directeur du tissage de Noirgoutte. Il dirigea également, peu après, sinon en même temps le tissage du Bonhomme que M. Géliot avait loué.

Incendié en 1873, le tissage de Noir-goutte a été rebâti à rez-de-chaussée. Il renferme 450 métiers.

Mentionnons en passant le moulin et la scierie de Noirgoutte, dont le débit annuel est d'environ trente mille planches, et nous arrivons en face du tissage de la *Croix-des-Zelles*.

Et d'abord, encore un peu d'étymologie, pour dire, après M. Fournier, que le mot *Zelles* marque une agglomération de maisons ou champs clos de haies (1). La *Croix-des-Zelles* était donc une croix élevée à l'entrée d'un enclos.

Le tissage de la *Croix-des-Zelles* fut à l'origine une dépendance de l'ancienne papeterie de Plainfaing ; on y avait mis la machine à broyer les chiffons. M. Géliot l'acquit en 1848 ; l'ancien bâtiment ne sert plus guère que de magasin, car on a reconstruit tout près le grand tissage actuel de 450 métiers.

Ici prend fin la vallée de Habeaurupt avec la dépression déjà signalée de la chaîne centrale, dont les dernières in-

_____

(1) « Il y a une phrase qui rappelle que les *Zelles* sont des jardinets : « Servantes, allez soigner nos *Zelles*. » Dr Fournier. Top. anc. du D. des Vosges, 6me fas., p. 196.

flexions sont égayées par des cités ouvrières et de jolies habitations bourgeoises.

Au centre même de Plainfaing, gisent
encore, dans l'attente d'une prochaine
résurrection, les débris, les ruines de la
grande filature devenue la proie des flammes en 1898. Cette filature comme la fabrique de la Croix-des-Zelles, est une des
plus anciennes ; elle a remplacé la papeterie de Plainfaing qui eut, au début du
dernier siècle, son heure de célébrité.

L'antique papeterie de Plainfaing fut
fondée en 1828, ainsi qu'il appert de l'inscription suivante, gravée sur une plaque
de métal, et encastrée dans le mur intérieur de l'usine.

« Papeterie à la machine
fondée par M. M. Richard frères et Petitdidier
le 21 Mai 1828
Cette pierre a été posée par
Jean-Joseph-Dieudonné Petitdidier
Anne-Rose Lamblé, son épouse
Hortense, Reine Petitdidier, leur fille
Jean-Charles-Camille Petitdidier, leur fils
J.-B Alfred Richard
Elisabeth Tassard son épouse
Elisabeth Richard leur fille
Eugène Richard

Catherine-Alexandrine Petitdidier
son épouse
Rose-Alexandrine-Eugénie Petitdidier
leur fille
Joseph-Ambroise-Eugène Richard
leur fils.
le 21 Mai 1828. »

La fabrication du papier, à la mécanique écrit Lepage (1) a été importée en
1829 dans le département des Vosges, et
la papeterie de Plainfaing l'a adoptée la
première. On comptait à cette époque
dans cet établissement, huit cylindres et
deux machines construites d'après le sys-
tème de M. Saint-Liger-Didot.

La papeterie de Plainfaing a inspiré à
M. Ch. Charton une des plus belles pages
de ses *Vosges pittoresques*. Nous la voulons citer complète, elle est tout à la gloire
de notre pays.

« Les papeteries mécaniques, écrit le
« savant archéologue vosgien, avec leur
« cortège de prodiges, ont pénétré par le
« village de Plainfaing, dans les vallées
« des Vosges, pour y détrôner les papete-

---

(1) Statistique, 1re partie, p. 1022. — 1847

7

« ries de l'ancien système. Il y a quelque
« trente ans, en effet, que Plainfaing a vu
« s'élever dans son sein, sur les bords de
« la Meurthe, la première manufacture de
« ce genre que le pays ait possédée e! qui
« plus tard, a été remplacée par un tis-
« sage de coton. Tout le monde s'empres-
« sait de venir l'admirer. Tout le monde
« cherchait à se rendre compte de ces
« curieux procédés de fabrication, inven-
« tés par le génie de l'industrie. Quel
« mouvement rapide et régulier la méca-
« nique savait imprimer à ces cylindres,
« sous lesquels le chiffon broyé passait,
« pour ainsi dire, inaperçu sur des tissus
« de laine ! Comme il était lisse et poli,
« ce papier qui pouvait se déployer sur
« la plus longue échelle ! Avec quel art
« ses feuilles se couvraient subitement
« d'un satin velouté d'une blancheur
« incomparable ou de nuances suaves et
« variées ! Là, les tapageurs marteaux
« des vieilles papeteries avaient cédé la
« place à des machines presque silencieu-
« ses dont on ne se lassait point de con-

« templer la puissance et le jeu. Là les
« produits s'improvisaient avec une telle
« vitesse qu'ils étaient créés aussitôt que
« demandés, et en telle quantité, que les
« besoins de la consommation ne pou-
« vaient en craindre l'insuffisance. Si la
« papeterie de Plainfaing n'existe plus
« aujourd'hui, elle a vu du moins avant de
« disparaître, son mécanisme, ses appa-
« reils, ses procédés régénérer graduelle-
« ment l'industrie papetière des Vosges,
« et lui ouvrir une nouvelle ère de gloire
« et de prospérité. » (1)

Quoi qu'il en soit de ces éloges, la papeterie de Plainfaing fut victime de ses in-
novations. C'est elle, il est vrai, qui
adopta la première le nouveau système
mécanique que des monteurs anglais vinrent lui poser ; mais cet outillage lui coûta
la vie ; les frais en furent énormes, les
bénéfices ne purent les combler ; il fallut
liquider. Heureusement, M. Géliot se
trouvait là pour acheter la papeterie, bâtiment et outillage. Il put revendre les ma-

(1) Les Vosges pittoresques et historiques p. 208.

chines dans des conditions si favorables,
que le prix de cette vente couvrit, et au
delà, celui de son acquisition totale.

Dans le tableau récapitulatif de la statistique industrielle de H. Lepage, voici
comment la papeterie de Plainfaing était
cotée en 1847, à la veille de sa dispari-
tion :

« *Plainfaing : Société anonyme. Quan-*
« *tité de chiffons employés : 700.000. Leur*
« *valeur totale : 200.000. Quantité de*
« *chiffons fabriqués : 450.000. Leur va-*
« *leur totale : 450.000. Nombre d'ou-*
« *vriers : 200. Salaires moyens : 1,25.*
« *Moteurs, machines et appareils : 2 ma-*
« *chines à papier continu, 4 roues hy-*
« *drauliques, 14 cylindres* (1). »

La gloire de l'ancienne papeterie de
Plainfaing est donc d'avoir tracé la voie,
imprimé le mouvement aux autres papeteries des Vosges, aujourd'hui encore en
pleine prospérité. En descendant la Meurthe, nous rencontrerons plusieurs de ces

(1) **Statistique du Dép. des Vosges**, p. 1024.

papeteries vosgiennes et les étudierons de
près.

En même temps qu'il devenait propriétaire de la papeterie, M. N. Géliot faisait
l'acquisition de l'habitation des papetiers
où M. Gilotin a installé aujourd'hui ses
bureaux. Mais pour sa résidence M. Géliot ne tarda pas à édifier le gracieux château de moderne ordonnance qui embellit
le bourg de Plainfaing avec son parc
touffu qui se perd dans la forêt.

M. Géliot établit dans l'établissement
de la papeterie disparue une filature avec
12.000 broches, qui continua de fonctionner à l'eau jusqu'à la destruction par l'incendie de 1898. L'eau lui était amenée par
un canal, ou plutôt un conduit fermé,
cerclé comme un immense foudre à vin.
Le bourg de Plainfaing populeux, vivant,
agréable, appelle à son tour les touristes
qui s'y acclimatent volontiers pour la
belle saison. Son église, aux trois nefs
romanes a été rajeunie il y a vingt ans.
Ses vitraux admirables de coloris et de
finesse, son mobilier en vieux chêne

éclatant et ses magnifiques orgues de première facture, en font une des plus belles, une des plus curieuses églises du diocèse. La paroisse date de 1784, Plainfaing faisait partie de Fraize et son histoire se confond avec celle de l'ancien ban du dit Fraize ; Plainfaing n'a pris de l'importance que depuis l'installation des usines.

Entre le col du Bonhomme et le Pré-de-Raves la chaîne centrale des Hautes Vosges projette vers le Nord-Ouest deux arêtes profondes que sépare la vallée de Scarupt. La première domine au Sud la vallée de Barençon, et abrite Plainfaing. Tantôt couverte d'une sylve bleue et noire, tantôt agrémentée de prairies, de champs, parfois même de friches dénudées elle recèle dans ses forêts et ses rocailles les hameaux du *Forest*, de *Hangochet*, du *Trou du Loup*, et plus au Nord, les fermes et les chaumes du *Rohahet*, de la *Capitaine*, du *Rosberg ;* tandis qu'à mi-flanc de la dernière pente, dominant le *Bàn Saint-Dié*, on voit surgir du granit, les contre-

forts et les premières murailles de la nouvelle villa que construit M. Buffet, gendre
de M. Gilotin, ingénieur de toutes les manufactures.

La nouvelle route de Saint-Dié à Colmar
serpente ce massif et y trace de larges
fers-à-cheval ; comme celle de Munster à
Gérardmer, cette route de montagne restera un des monuments de la voirie moderne. L'ancienne route remonte péniblement le ruisseau et la vallée de Barençon
que nous avons explorée dans les *Excursions dans nos montagnes.*

Ce ruisseau de Barençon est le produit
de deux torrents, issant le premier du
fond de la *Grand'Combe,* l'autre du col
du Bonhomme, et dont le confluent marque Barençon.

On se rappelle qu'aux chaumes de Barençon furent jadis entreprises des fouilles
minières, demeurées infructueuses. La fabrication des planches est une industrie
très ancienne de ce pays ; les scieries que
l'on aperçoit en mouvement peuvent se
glorifier d'un passé déjà respectable : un

acte des archives départementales, daté
de 1780, signale près de la fonderie des
mines d'argent à la hutte de *Borensson*
deux scies. Ces deux *scies* sont aujour-
d'hui : 1° la *scierie Ruyer* ; 2° la scierie de
Barençon, qui appartient aux hospices de
Nancy. L'ancienne forge a fait place d'a-
bord à un moulin auquel a succédé la
scierie du Moulin, qui complète avec la
scierie Grandrupt l'industrie du bois, débitant à Barençon 150.000 planches annuellement.

Le ruisseau de Barençon, avant de rejoindre la Meurthe au *Ban-Saint-Dié*,
passe au *Martinet.* Ce nom nous apprend
que là se trouvait encore un *moulin à
battre le fer,* converti aujourd'hui en
scierie mécanique. L'ancien moulin du
Ban-Saint-Dié fut aussi une menuiserie
mécanique.

La seconde dépression montagneuse a
une direction septentrionale plus prononc-
cée. Elle abrite *Scarupt, Fraize, Anould,*
qu'elle sépare du *Chipal, Mandray,* et se
termine par le massif de *Mandramont,* qui

se déprime doucement vers Saint-Léonard.

On sait qu'une voie romaine, venant d'Alsace, traversant ces deux massifs, passait par le col du Bonhomme, le Rosberg, Remémont, pour aboutir au Forum (faubourg Saint-Martin) et rejoindre vers Raon la voie du Donon. On sait aussi que saint Dié, venant d'Alsace, suivit cette voie et que, arrêté sur le Rosberg, il y fit jaillir miraculeusement une source intarissable.

Mais notre description topographique nous a fait oublier la statistique industrielle et nous a menés loin à travers les contre-forts de la vallée de la Meurthe.

Qu'on veuille bien nous le pardonner ; vous rencontrez en ce coin des Vosges des sites si enchanteurs, des promenades si pittoresques, des souvenirs si poétiques que vous vous y perdez à plaisir, tant pour savourer l'immortelle beauté de la nature que pour évoquer la magie des choses passées et des légendes d'antan.

Aussi bien la visite qu'il nous reste à faire aux trois usines de Fraize n'en aura pas moins son côté également intéressant.

Reprenons donc la Meurthe à sa sortie de Plainfaing.

Derrière le château de M. Gilotin qui pointe son élégante toiture et ses terrasses, sur les confins du territoire de Plainfaing, la rivière a été éclusée et endiguée pour obtenir la chute d'eau et la force qui meut la filature des *Faux*, la première que l'on rencontre à Fraize.

. Construite par la société Géliot en 1878, la filature des *Faux*. (*Fau*, lieu où il y a des hêtres, de *faiacus*) est assise entre la grand'route et la rivière. Elle vient à propos avec ses blanches cités et l'habitation du directeur animer le paysage, hier si sauvage et désert, aujourd'hui plein de mouvement. Elle emploie 150 ouvriers avec 25.000 broches.

Fraize et Plainfaing sont distants d'un kilomètre à peine, et encore cette distance est pour ainsi dire supprimée : les maisons d'habitation sans interruption, la plupart gaies et coquettes font se donner la main aux deux localités sœurs. La rivière jusqu'à Fraize coule paisiblement dans la largeur de la vallée, entre deux rangées de peupliers efflanqués. Son lit presque à sec laisse voir d'énormes cailloux mousseux ; car les eaux sont bientôt recueillies et dirigées par un canal suspendu et des conduits souterrains vers la grande filature.

A Fraize même la Meurthe est grossie du ruisseau de *Scarupt*, qui lui apporte en cascadant le tribut de ses eaux claires et poissonneuses. Le hameau de Scarupt se cache si bien qu'il n'a pas encore été découvert par les miniaturistes ; c'est dommage, car c'est une délicieuse solitude trop perdue sans doute en un recul de la montagne, mais enserrée de promenades alpestres qui tenteront les touristes en rupture de Suisse. Ils pourront y flirter avec les sites de Fraize, de Plainfaing, du Col du Bonhomme, de La Croix, dont l'accès est devenu si facile par la nouvelle route. Celle-ci s'accroche au flanc du massif montagneux que nous avons signalé et qui porte, étagés sur ses deux pentes, les hameaux de *La Folie*, des *Journaux* et du *Chipal*.

On remarque à Scarupt un très ancien moulin, encore en mouvement.

La grande filature de Fraize avec la manufacture des Aulnes font de cette petite ville un centre industriel de premier ordre. Aussi parmi toutes ces agglomérations usinières qui ont transformé les déserts de nos montagnes et fait pousser les bourgs le long de la rivière, Fraize détient le record. Depuis une vingtaine d'années on peut affirmer que son chiffre de population est doublé.

Ce grand bâtiment qui étend sa masse à triple étage, domine tout le paysage et détache son galbe puissant sur le fond noir des montagnes, c'est la nouvelle filature, toute récente, puisqu'elle ne date que d'hier. Après l'incendie qui détruisit l'ancienne en 1899, elle fut construite à neuf de toutes pièces.

Elevée selon les derniers perfectionnements, on peut classer cette manufacture parmi les incombustibles. Le bois brille par son absence dans ce nouveau type de bâtisse. Les murs sont en maçonnerie;

les colonnes fonte et acier supportent des poutres et poutrelles transversales et hourdis en béton, avec voûte en brique et plancher en ciment. La toiture à l'orientale forme terrasse en ciment armé ; une tour carrée donne grand air à l'ensemble de la masse, seulement sa plateforme crénelée est remplacée par un réservoir d'eau. C'est plus pratique.

Dans ses trois étages, cette filature renferme 52.000 broches ; le mouvement est actionné d'abord par l'eau, avec une roue d'une force de 120 chevaux. Naturellement l'eau ne suffit pas, il faut en outre une machine à vapeur d'une force de 400 chevaux.

Cette usine est construite sur l'emplacement de celle que M. Géliot avait élevée à Fraize en 1858. Au moment de l'incendie (1899), cette première filature renfermait 24.000 broches, marchait à l'eau, avec une roue motrice d'une force de 150 chevaux qui suffit au début. Plus tard on lui avait adjoint une machine à vapeur de 120 chevaux.

En 1858 cette manufacture avait pris elle-même la place d'une dépendance de l'ancien moulin de Fraize démoli pour fournir l'emplacement de cet élégant hôtel-de-ville dont Fraize est justement fière. Aussi bien, ce n'est pas son moindre joyau, et véritablement, avec ses nouvelles constructions, ses jolis cottages, ses promenades que le C. P. C. F. a classées, Fraize est devenue une agréable station d'été dans un des coins les plus pittoresques des Vosges.

On ne passe pas à Fraize sans visiter l'église qui, elle aussi, a subi, il y a une dizaine d'années, un complet rajeunissement. De l'ancienne il ne reste que le clocher, que M. Ardouin-Dumazet ose appeler un dôme bulbeux. Il est vrai que l'église de Fraize, si antique par son origine, puisqu'elle remonte au temps de saint Dié, est plus intéressante à l'intérieur qu'à l'extérieur. Ses trois nefs, style renaissance, ses fines et légères colonnes, avec chapiteaux sculptés, sont d'un effet magnifique et agréable. Son mobilier, surtout la boiserie du chœur, est d'une richesse peu commune et d'un goût intelligent. Le chœur d'ailleurs est à lui seul un chef-d'œuvre complet, avec ses vitraux si bien choisis, si bien compris, et d'un coloris aux tons à la fois doux et éclatants.

Nous sommes sur le chemin de la dernière fabrique de Fraize, la plus importante, celle des Aulnes, que nous allons visiter en détail, elle en vaut la peine.

Le rôle de l'eau comme force motrice serait-il tout-à-fait fini? En tout cas cette nouvelle usine des Aulnes se passe de son concours. Cette fabrique immense, à plusieurs bâtiments, comprend un tissage et une filature et constitue à elle seule le plus puissant organisme industriel de la contrée.

La filature ne renferme pas moins de 58.000 broches et le tissage moins de 510 métiers; le tout mû par deux machines à vapeur d'une force totale de 2.000 chevaux.

C'est M. G. Haussmann qui entreprit pour son compte la construction du tissage, pour le céder bientôt à la société

Géliot et n'en conserver que la direction ; en outre, c'est à M. Haussmann qu'on a confié la direction et la gérance de tous les tissages que nous avons rencontrés depuis Habeaurupt, appartenant à la société Géliot.

Les Aulnes, naguère encore petit hameau agricole, tranquille au milieu des prairies, à l'ombre des sapinières, est devenu, depuis l'établissement de ces grandes manufactures, un faubourg de Fraize, et même des plus populeux. Les cités ouvrières ont poussé dans le sillage de l'usine et lui font face, alignées au port d'arme comme une compagnie devant le capitaine. Les constructions bourgeoises, les tavernes, etc., les ont suivies bientôt, transformant la physionomie des Aulnes en bourg commercial et industriel.

L'usine des Aulnes, comme la filature de Fraize, complète sa moderne installation par l'éclairage électrique.

Nous avons donné la nomenclature des manufactures de l'industrie textile dans la vallée de la Haute-Meurthe. Nous

n'avons plus qu'à y ajouter un tissage de
M. Géliot, à Saulcy ; nous l'examinerons
à sa place. Mais déjà par le nombre et
l'importance des usines passées en revue,
on peut se faire une idée du prodigieux
développement signalé au début du chapitre et dont l'inuflence s'est manifestée
d'une façon multiple sur le pays. Ce
simple coup d'œil suffit pour mettre en
relief l'intelligence et le labeur patient de
M. Géliot et de ses successeurs MM. Gilotin et Géliot fils, qui ont sans cesse dirigé
dans la voie du progrès ces entreprises industrielles. Royauté commerciale, royauté
patronale, fut-il jamais royaume établi ou
conquis plus patiemment, gouverné plus
adroitement et de façon plus humanitaire ?

M. N. Géliot dont nous avons rappelé
les débuts, n'obtint pas d'ailleurs le succès
sans peine ni même sans lutte. Vers 1848,
alors que le commerce et l'industrie
cherchaient leur voie, que les débouchés
n'étaient pas encore créés, qu'il y avait
tant d'aléas, et qu'on voyait sombrer des
fabricants entreprenants et hardis comme

M. Géliot, mais peut-être moins prudents;
lui, fit tête et lutta même contre la
mauvaise fortune. Ses tissages, ses filatures marchaient toujours, et ses produits
pour un temps s'accumulaient en magasin.
Il ne douta pas de l'avenir et marcha de
l'avant avec une tenacité indomptable. Il
n'hésita point même en face de la dernière
extrémité à jouer son va-tout, pour
obtenir des avances de fonds, et à mettre
en dépôt, en gage, des quantités de tissus
sans acheteurs.

Sa persévérance finit par triompher, et,
une fois maître de la fortune, il en
garda le guidon. Il sut en faire tourner la
roue à sa dévotion comme il avait su
asservir la rivière à tourner les roues de
ses usines.

M. Nicolas Géliot mourut en 1873. Ses
fils et son gendre s'établirent alors en
société qui fonctionne toujours, même
après la mort de M. Louis Géliot survenue
récemment, et va prospérant sans cesse
sous l'habile et inlassable direction de M.
Gilotin.

Voici, toujours d'après H. Lepage, la statistique industrielle de notre pays en 1847, à l'époque où M. N. Géliot en était à ses débuts et commençait la lutte.

« *Plainfaing : Etablissements Géliot. —* » *1º Filature. — Quantité de matières pre-* « *mières employées : 160.000, leur valeur* « *totale : 240.000. Quantité de matières* « *fabriquées 130.000, leur valeur totale :* « *364.000. Nombre d'ouvriers 200, salaire* « *moyen 1. 28. Nombre de métiers 30. Mo-* « *teurs, machines et appareils : 2 moulins à* « *eau.*

« *2º Tissage. — Quantité de matières pre-* « *mières employées : 130.000, leur valeur* « *totale : 377.000. Quantité de matières fa-* » *briquées : 150.000, leur valeur totale,* « *500.000. Nombre d'ouvriers : 200, salaires* « *moyens, 1. 28. Nombre de métiers : 240.* « *Moteurs, machines et appareils : 2 moulins* « *à eau.*

« *Etablissement : Bourlier-Martin, frères,* « *tissage. Quantité de matières premières* « *employées : 110.000, leur valeur totale :* « *330.000. Quantité de matières fabriquées :* « *160.000, leur valeur totale : 384.000.* « *Nombre d'ouvriers : 180, salaires moyens :* « *1. 03. Nombre de métiers : 150. Moteurs,* « *machines et appareils : 1 moulin à eau,* « *1 forge, 16 fourneaux, 11 mécaniques. »*

Aujourd'hui la société Géliot a décuplé ces chiffres de matières premières brut et de rendement. Quant aux ouvriers, de nos jours comme autrefois, ils sont payés, dans les filatures au kilogramme, dans les tissages, à la production. Au début de l'industrie, d'une manière générale, les ouvriers pouvaient arriver à un gain maximum de 40 ou 50 francs par mois ; aujourd'hui, grâce à l'invention, au per-fectionnement du nouveau matériel des usines qui permet de produire plus et mieux, le travail est devenu plus rémuné-rateur ; un bon ouvrier dépassera facile-ment 100 francs par mois.

Actuellement la société Géliot met en circulation dans le pays 250.000 francs par mois, rien que pour le salaire des ouvriers.

L'industrie cotonnière de Fraize et de Plainfaing, dirigée par la société Géliot, tient la tête de toutes les industries ana-logues exploitées en France.

Rien de terre-à-terre, semble-t-il, comme de parler affaire ou disserter sur l'industrie du coton. Si notre pays attire les étrangers, les touristes, n'est-ce pas grâce à ses montagnes, son air pur, à la poésie de son sol vosgien ? Sans doute, mais aujourd'hui, en ce siècle utilitaire où le côté pratique double volontiers l'idéal, l'usine s'est transformée. Ce n'est plus le bâtiment sans caractère d'autrefois, c'est souvent une construction moins indigne de l'art, et plus souvent encore un outillage merveilleux.

Pour ne point troubler le travail des ouvriers qui exige une grande attention, une consigne sévère mais raisonnable garde l'accès des usines. Mais s'il vous était permis de pénétrer en ces asiles du travail, vous verriez qu'une visite à la filature ou au tissage, qu'une étude intelligente de ces machines, de ces mouvements, est d'un grand intérêt et réserve plus d'une surprise aux amateurs de l'art mécanique et même à tout curieux de nouveauté.

A la nouvelle filature de Fraize, par exemple, vous pourriez admirer d'abord la grande roue mue par l'eau, avec ses 13 mètres de diamètre ; et s'il vous était donné de pouvoir vous promener à travers certaines salles de cette filature ou du tissage des *Aulnes,* au milieu du bruit assourdissant des machines, vous comprendriez ce qu'il en coûte pour faire un tissu, ce qu'il faut de mains, de broches, de métiers, d'attention, de mouvement pour tisser, teindre ces draperies qui vont se répandre par toute la France.

En entrant dans la fabrique, vous êtes frappés tout d'abord du moderne et pratique aménagement des salles. Entre les colonnes de fonte sont fixées les machines qui font, chacune sa partie, dans l'œuvre commune, demandant aux ouvriers qui les guident et les surveillent plutôt de l'adresse et de l'attention qu'un labeur pénible. Le manœuvre d'antan s'est transformé ; ce n'est plus l'esclave de la matière, mais le directeur intelligent qui conduit sa machine. Et il le fait dans les meilleures conditions hygiéniques ; voyez l'élévation de ces salles, l'ampleur des ouvertures qui versent la lumière !

Au premier abord, au milieu de ce mouvement multiple de rotation en tout sens
depuis le haut jusqu'en bas vous ne per-
cevez rien qu'un bruit indistinct, vous
voyez des roues qui tournent, des chariots
qui vont et viennent, des poulies, des vo-
lants, des courroies de transmission. Mais
ce coup d'œil général donné, passez au
détail et votre intérêt va grandir en suivant depuis le commencement les différentes et sucessives transformations du
coton depuis son déballage jusqu'à sa mé-
tamorphose en fils légers. et dans le tissage depuis l'entrée des filés sur les métiers
jusqu'à leur sortie en tissu éclatant blanc,
imprimé ou dessiné.

Si vous le désirez, nous suivrons ensemble l'odyssée d'une balle de coton, à partir
de son introduction dans la filature en
masse informe, jusqu'à son issue du tissage, métamorphosée en robe de grande-
dame ou en tenture de boudoir.

Le coton nous vient : 1º de l'Amérique
[*Upland, Georgie, Savannah, Louisiane,
Missisipi, Texas]* ; 2º des Indes [*Surate,*

Bengale, Tinnivelly, Western) ; 3° du Levant *(Chine)* ; 4° de l'Egypte *(Jumel, Mako)*.

Cependant nous avons vu tout dernièrement un journal annonçant la production d'un coton français sur le sol d'Afrique.

Voici en effet ce qu'on lit dans le *Bulletin des Ventes de Coton* du Havre du 26 septembre 1903 :

« Nous avons eu la satisfaction de coter
« aujourd'hui la première vente de coton
« récolté sur le sol français du Dahomey,
« et dont nous avions annoncé la mise
« aux enchères il y a environ une semaine.
« Les 600 kilos formant le résultat de
« l'égrenage du premier arrivage de coton
« indigène ont été adjugés à MM. Le-
« mierre, Drouaux et Cie pour le compte
« de M. P. Ancel-Seitz, de Granges
« (Vosges). »

Le coton qui doit être travaillé dans notre pays est débarqué à la gare de Fraize en balles comprimées d'environ 250 kilogrammes. Amené par le camionnage à la

filature il se voit successivement livré
aux différentes opérations des machines
ayant chacune sa spécialité.

La première qui s'en empare, le *brise-balles*, opère les mélanges mécanique-
ment. « Plusieurs lots de balles, nous
apprend un récent et savant ouvrage,
peuvent servir à composer un mélange.
D'un lot à l'autre, et même d'une balle à
l'autre, dans le même lot il y a des diffé-
rences ; par le mélange on arrive à cons-
tituer une moyenne uniforme. Il est donc
avantageux d'effectuer les mélanges sur de
grandes quantités » (1).

L'*ouvreuse* et la *batteuse*, immédiatement après nettoyent le coton de ses
poussières et impuretés et l'arrangent en
longues nappes qui passeront par la *carde*
dont le but est de continuer l'épuration en

(1) *Aide-mémoire pratique de la Filature de coton* par J.-B. Hæffelé et Paul Dupont p. 87. On
consultera avec intérêt ce savant travail qui
donne sur la partie technique de la filature de
coton, les détails les plus précis et les plus ma-
thématiques. *En vente chez C. Cuny. 36 rue Thiers
Saint-Dié.*

isolant les fibres les unes des autres. Le coton cardé quitte l'appareil sous forme de rubans moelleux, semblables à quelque neige moulée, qui vont s'amincir par l'*étirage*, au *laminoir*, lequel produira l'homogénéité du ruban par les *doublages* et les *laminages*.

Vient ensuite l'opération de l'*affinage* qui est la propriété des *bancs à broches*. Ceux-ci produisent des mèches qui seront bientôt transformées en filés par les métiers à filer.

L'opération du *filage* consiste donc à transformer la mèche en filés, en étirant cette mèche et en lui donnant une torsion déterminée, selon le numéro demandé. Deux sortes de métiers sont employés pour le filage ; le métier *renvideur* à chariot, dit *self-acting*, et le métier *continu*, appelé *ringsthrosle*.

Sur les métiers *renvideurs*, l'étirage de la mèche, son filage, son envidage, sa torsion se font successivement et d'après certaines lois calculées, telles que la sortie et la rentrée du chariot. Sortie du

chariot : étirage, filage ; rentrée du chariot : envidage sur la canette du fil
produit. De la rotation des broches ré-
sulte la torsion.

Sur les métiers *continus* les différentes
fonctions précitées s'opèrent simultané-
ment, sans discontinuité.

Dans le *renvideur* les broches sont fixées
sur un bâti mobile ; et dans le *continu*,
sur un bâti fixe.

Les métiers, *self-acting* ou *ringsthrasle*
ne sont pas une des moindres inventions
du siècle du progrès. Ils peuvent marcher
à 7.000, même 10.000 tours de broche,
par minute. Imaginez le nombre fabuleux
de fileuses à la main représenté par une
seule broche ; en pensant que pour les
filés au fuseau, la rotation du rouet produit à peine 60 tours à la minute ?

C'est donc à la lettre un travail phéno-
ménal et merveilleux accompli par ces
métiers, ces bobines prestes et agiles qui
tournent sur les broches-pivots. Voyez-
les à l'œuvre, tirant, tordant, roulant !
Elles tournent, elles tournent, les petites

fées, alertes et disciplinées, et, à travers le bruit incessant de cet harmonique chaos, elles semblent, elles aussi, jeter leur note, et *comme* les filandières de jadis, chanter l'antique chanson du rouet au coin du feu !

Le travail de la filature est terminé, le coton filé va prendre, emballé en des boîtes d'osier ou de fer blanc, le chemin du tissage. Suivons-le.

Les opérations du tissage sont en effet aussi complexes qu'intéressantes. Voici d'abord le *bobinage* qui dévide les filés sur des bobines de bois ou de carton ; puis l'*Ourdissage* qui réunit sur un rouleau un certain nombre de filés pour faire la *nappe* ; l'*encollage* ou passage de la nappe dans la colle pour donner à la chaîne la force qui lui permettra de supporter le travail et la fatigue du tissage ; le *rentrage* ou passage des filés de chaîne dans les maillons pour produire les dessins demandés. Enfin le *tissage* proprement dit, c'est-à-dire le liage de la chaîne par la trame.

Tous les métiers à tisser des usines Géliot sont mécaniques ; en plus le tissage
des Aulnes possède 250 métiers *Jacquart*
qui fonctionnent avec une merveilleuse
dextérité et dont l'étude à elle seule accuse
une science très compliquée.

C'est en France spécialement, et dans
nos colonies que l'industrie cotonnière
trouve ses débouchés. Il est impossible à
la fabrication française de lutter avec
l'industrie étrangère, c'est-à-dire avec
celle d'Angleterre et d'Amérique. La faci-
lité qu'ont ces pays de se procurer et de
transporter le charbon et la matière
première, le coton brut, leur outillage
toujours plus perfectionné, demandant
moins de main-d'œuvre, l'économie réali-
sée sur cette main-d'œuvre elle-même
par les salaires moins élevés que chez
nous, les ferments de grève moins cultivés aussi, tout semble concourir à donner
aux industries américaine et anglaise une
supériorité incontestable qui tuerait la
nôtre, si des tarifs protecteurs ne venaient
entraver l'exportation de leurs produits
en France.

Nous ne travaillons donc pas pour l'exportation, mais uniquement pour notre consommation ; ce sont les ouvriers de France que notre industrie fait vivre. Comme on le voit, cette industrie vit elle-même du régime protectionniste et la prospérité nationale est intimement liée à cette question.

Nous terminerons ce chapitre consacré à l'industrie de notre pays en revenant encore à M. N. Géliot. Son nom, en effet, restera gravé au fronton de l'histoire du canton de Fraize dont il fut l'une des personnalités les plus éminentes. Cependant nous le diminuerions en ne parlant que de l'industriel ; il avait une autre envergure et ne se contenta point d'introniser et de faire prospérer l'industrie textile dans sa patrie d'adoption, il lui rendit en outre des services multiples, financiers, agricoles, politiques, etc.

D'abord il fut pendant quelque temps président du Comice agricole de l'arrondissement de Saint-Dié (3 mai 1868-4 juin

1871). En 1848, il devint commandant de
la garde nationale, puis maire de Plainfaing qu'il administra de longues années.
Conseiller général pour le canton de
Fraize de 1855 à 1870 ; il fut, à la mort du
baron Louis-Dieudonné de Ravinel (1867),
élu député au corps législatif dans la troisième circonscription des Vosges. Réélu
en 1869, il conserva son mandat jusqu'au
4 septembre 1870. Depuis longtemps il
était chevalier de Légion d'honneur.

Les désastres de l'année terrible le frap-
pèrent au cœur, il en souffrit doublement
et comme patriote et comme représentant
du peuple. Le souvenir de la déclaration
de guerre et le spectacle de l'invasion allemande ne furent certainement pas sans
influence sur sa mort presque foudroyante.
Ce n'est point une simple supposition,
basée sur l'ardeur bien connue de son pa-
triotisme, mais une conviction assise sur
un fait bien simple peut-être, et cependant bien émouvant et suggestif. Je le
tiens de M. Henri Bardy qui fut un ami
de M. Géliot et son secrétaire, à l'époque

où celui-ci présidait le comice agricole de Saint-Dié :

« Parmi les souvenirs que j'ai conservés de M. Géliot, me rapporte le sympathique président de la *Société philomatique*, il en est un qui m'impressionne toujours. C'était le 1er août 1873, veille du départ des Prussiens. Me voyant seul, M. Géliot entra chez moi, ce qui lui arrivait souvent. Il pouvait être quatre heures du soir ; nous causions depuis dix minutes quand nous entendîmes les tambours et les fifres allemands. C'était le piquet d'honneur se dirigeant à l'Evêché, chez le colonel du 9e d'infanterie et allant chercher le drapeau pour le conduire aux baraques, afin de l'avoir prêt au point du jour, pour le départ définitif. Nous le regardâmes passer, puis repasser drapeau en tête, M. Géliot semblait sous le coup d'une vive émotion et ses yeux étaient humides en me disant :

« Qui aurait pu croire que d'aussi terribles choses arriveraient ! »

Faisait-il allusion par ces paroles à la

séance du Corps législatif, auquel il appartenait, et dans laquelle la déclaration de guerre fut votée ? C'est plus que probable... Il me quitta en me serrant la main, les larmes aux yeux, et sans plus pouvoir prononcer un mot. Le lendemain, dès le matin, j'appris, par le Dr Carrière, son médecin, appelé en toute hâte, qu'il avait été frappé, dans la nuit, d'une attaque d'apoplexie. Trois jours après, il était mort. Qui pourra dire, en effet, le chagrin de cet homme de bien, en songeant qu'il avait sa petite part de responsabilité dans ces épouvantables évènements. »

CHAPITRE VI

La petite Meurthe. — La gorge de Schmalique. — Le Vallon du Noir-Ruisseau. — Les hauteurs de Serichamp. — L'ancien ban de Clefcy.

Après avoir alimenté la filature de Fraize, la Meurthe traverse les prés de la

forge, emplacement d'une ancienne forge
disparue et oubliée et se dirige vers Clair-
goutte qu'elle sépare des Aulnes, et où
deux canaux prennent ses ondes pour
actionner le moulin des Aulnes et une sa-
boterie mécanique, très ingénieuse et
unique en son genre.

La vallée s'est bien élargie, les ondulations ont sensiblement baissé et leurs
flancs sont bien cultivés; dans leurs replis fertiles se montrent à demi des hameaux et des fermes : *La Beurée, Sèches
Tournées, Belrepaire, Mazeville, Monte-
goutte, chapelle du Suisse*, buts charmants
de promenades et points de vue admirables. La rivière qui ne quitte pas les prairies et la droite de la route, a maintenant
un nouveau compagnon de voyage ; c'est
le chemin de fer qui est entré audacieusement dans la montagne, se frayant passage par de profondes tranchées.

Le touriste est inlassable ; heureusement, car voilà qu'il nous faut retourner
sur le faîte des Hautes-Vosges, à la recherche encore des sources et ruisselets

dont les apports successifs constituent la deuxième branche de notre cours d'eau : la Petite-Meurthe.

Aujourd'hui, est-ce parce qu'elle est moins utilisée, moins industrielle, elle n'a pas la notoriété de la grande Meurthe, sans lui céder en rien cependant sous le côté pittoresque. Elle baigne un pays qui a son cachet particulier, le charme étrange, âpre mais puissant, qui se dégage du sol peu fréquenté. Oh ! ce petit coin de nos Vosges, cette vallée de la Petite Meurthe, c'est sans doute parce qu'elle a conservé sa virginité qu'elle apparaît au solitaire qui l'explore si délicieusement mystérieuse et idéale.

Jadis, aussi bien, elle avait plus de renommée ; les chanoines de l'ancien chapitre en prisaient mieux les attraits, ils y prenaient volontiers leurs vacances.

Les anciens auteurs vosgiens semblent eux aussi, mieux renseignés sur cette vallée que sur sa rivale, celle de la Grande Meurthe. Ouvrons, par exemple, un manuscrit de 1606 qui relève le cours de la

Meurthe et nous verrons l'auteur ne pas se soucier de la Meurthe de Fraize et nous amener immédiatement à la rivière de Clefcy qu'il donne comme le début naturel et seul connu de la Meurthe.

« La Lorraine, y lisons-nous, doit être
« louée pour ses fleuves, vu qu'elle en a
« d'aussi nobles et en aussi grand nombre
« que province et nation qui soit en Eu-
« rope... Le premier est Moselle, le se-
« cond est Meuse..., le troisième est
« Meurthe qui sort des monts de Vosges
« entre Orient et Midy, *au ban d'Anoul,*
« *au dessus de Herbaufain,* près de Ger-
« bébaut, descendant près le dit Anoul,
« Develine et Fresse ; de là à Sainte Mar-
« guerie... etc... » (1).

La Petite Meurthe a aussi deux torrents comme sources principales ; l'un qui descend des pentes ouest du Grand Valtin et que l'on appelle le ruisseau de *Schmali-*

_____

(1) *Antiquitez et illustrations de Lorraine,* par *A. de Hault.*, *1606,* manuscrit de la collection de M. l'abbé Pierfitte. — Cet ouvrage est inédit; il n'en existe pas de copies. Dom Calmet en parle et le critique un peu vivement.

que : l'autre qui sort du col Scerceneux, nommé le *Noir-Ruisseau*.

Le ruisseau de Schmalique est lui-même la résultante de tous les ruisseaux qui arrosent le Grand Valtin : les deux connus spécialement sont le ruisseau de *la basse de la Schulcht*, dont le nom indique suffisamment l'origine, et qui jaillit de la montagne avec une telle force qu'à quelques mètres de sa source il devient une fontaine abondante, alimentant une auberge. L'autre ruisseau sourd en face, son nom, le *ruisseau de la basse de Serichamp*, accuse également son lieu d'origine. Tous deux arrivent à la scierie de Schmalique qu'ils mettent en mouvement, unissant leurs forces de véritables montagnards.

Le Grand Valtin, (851 m. d'altitude) commune de Ban-sur-Meurthe, paroisse du Valtin, arrosé par toutes les sources de la montagne, est cette dépression qui sert de trait d'union, au sud, entre les deux vallées des deux Meurthes. Il est dominé par les hauteurs de Sérichamp, de

Balveurche, du Taneck, des Hautes-Chaumes. Sur les inflexions de la montagne
les maisons du village sont disséminées
en un original désordre ; c'est bien le cas
de rappeler le proverbe qu'un beau désordre est un effet de l'art. Sur la route on
rencontre quelques auberges entre autres,
l'auberge de la *Clanche d'Or* qui peut
offrir à l'antiquaire plusieurs objets curieux. L'ancien chapitre de Saint-Dié possédait au Grand Valtin, des biens et des
droits (1).

La solitude et le silence tels que les
cherchaient nos anciens anachorètes,
voilà ce qu'on est étonné de trouver encore au XXe siècle en cette région du
Grand Valtin qui apparaît au milieu des
noires futaies comme une île perdue dans
l'immensité des mers glauques. On y
éprouve du reste la même sensation d'i-
solement et l'on n'y perçoit guère que les
gémissements du vent qui gire dans cet
entonnoir de montagnes !

Bugnon signale une scierie au Grand

(1) Archives vosgiennes, Epinal-Série G.

Valtin. Serait-ce la scierie que la Meurthe naissante met en mouvement à Schmalique? Peut-être. Elle est située à l'entrée de la gorge où s'engouffre, dans la direction N.-O. ces deux ruisseaux dont l'union fait un torrent.

Comme spécimen de nature alpestre et sauvage, la gorge de *Schmalique* n'a pas de concurrent dans les Vosges. En cascades bruyantes et écumantes le torrent roule à cinquante mètres de profondeur dans une ravine creusée en abîme au flanc de la montagne ; un sentier alpestre la cotoie sous une sapinière épaisse et éternellement obscure qui rappelle le *frigus opacum* de Virgile. C'est tout à la fois terrible, grandiose et ravissant. Le mot allemand *Schmal* (*étroit*), ne fournirait-il pas la racine de cette dénomination bizarre : *Schmalique?*

Le deuxième torrent qui concourt à la formation de la Petite-Meurthe est le *Noir-Ruisseau*, qui descend du col de *Surceneux* (826 m.)

Le col de *Surceneux* posé entre le *Haut*

de Fonie à l'Ouest (1011 m.) et la forêt des *Broches* à l'Est (887 m.) est le point de convergence entre les trois routes de Clefcy, du Valtin, de Gérardmer. C'est un endroit ouvert et agréable au centre des montagnes ; *comme l'indique son nom*, c'est un ancien lieu défriché. Surceneux qui signifie défrichement est une corruption du mot *cercenée*, lieu essarté de façon particulière (1).

Le *Noir-Ruisseau* a donné son nom au vallon qu'il arrose, et qu'une route carrossable sillonne en ses multiples et pittoresques sinuosités. Le ruisseau n'a pas volé son nom de noir ; son onde toujours sous bois emprunte aux grands sapins des reflets d'ébène, ils y mirent sans cesse leur noire chevelure. Il est très capricieux aussi, ce Noir-Ruisseau, et semble lutiner avec la route sa compagne. D'abord il

(1) En concédant des lots de terres plus ou moins boisées, les souverains interdisaient d'employer le feu ; on faisait périr le bois, — sans valeur alors, — en *cerçant* l'arbre, c'est-à-dire en lui enlevant l'écorce. — FOURNIER, *Top. anc. du dép. des Vosges*, 6ᵉ fasc. p. 75.

chemine à ses côtés en bavardant, puis
tout-à-coup il s'éloigne et se cache en une
dénivellation, pour revenir, disparaître
de nouveau sous la route elle-même, ré-
apparaître au côté opposé, et continuer à
courir, à cascader et à chanter. Bientôt il
rejoint le torrent de Schmalique qui le
saisit au passage et l'engloutit dans ses
ondes, élargissant son lit rocailleux. —
La Petite-Meurthe est le produit de leur
union.

On trouve dans ces régions de la haute
montagne des gisements de fer et d'antimoine ; il est plus que probable que des
essais d'extraction ont été entrepris aux
siècles passés. Dans ce vallon du Noir-
Ruisseau on découvrit fortuitement il y a
quelques années une sorte de galerie de
mine qui mesure, parait-il, 42 mètres de
profondeur. H. Lepage signale aussi l'ori-
fice d'une galerie de mine à *Fleurent-
Lhôte*, dans la *vallée de Straiture* où nous
entrons avec la rivière.

Le défilé de *Straiture* est peu connu. Il
est en effet trop modeste de réclame et

nous nous faisons un devoir de le dénoncer aux touristes. Celui qui l'a traversé une fois en conserve un souvenir qui prime tous les autres ; c'est le clou des excursions.

Straiture (du patois *Stra,* étroit) n'est autre que le passage que s'est frayé la Petite-Meurthe pour sortir de la montagne. Les futaies l'enserrent et l'enténèbrent ; la rivière et la route s'y pressent l'une contre l'autre, serrées, tant la ravine est étranglée, en certains endroits. Partout le paysage y revêt un aspect fantastique, mystérieux et étrangement beau ; on pourrait se croire sous les voûtes d'une gigantesque catacombe, si parfois, les rayons du soleil filtrant à travers les aiguilles des sapins, ne venaient jeter une note claire et lumineuse sur cette douce obscurité.

Ce sauvage défilé n'en est pas moins très animé, non seulement on y entend les oiseaux de la montagne qui mêlent leurs cris aux plaintes du vent, mais on y côtoie les bûcherons, les schlitteurs, on y rencontre les ruines d'anciennes scieries et marcaireries, des scieries nouvelles, mues par notre rivière, de coquettes maisons forestières. On y cueille les spécimens les plus rares de la flore vosgienne, les fruits les plus délicieux de la montagne ; on s'y abreuve aux fontaines claires et abondantes, et l'œil se repose tantôt sur l'ombre de la sylve, tantôt sur la grisaille des éboulis moussus, tantôt sur le sinople des prairies et des clairières. La rivière court à gauche de la route et de jolis ponts rustiques vous invitent à la traverser pour entrer sous bois et explorer les glacières éternelles que recèlent les amoncellements de roches.

Les glacières de *Fleurent-Lhôte* et de *Blanchifontaine* sont d'intéressants buts de promenade et des endroits bien propices aux parties de *pique-nique* en campagne.

Le commerce du fromage et l'industrie du bois sont seuls connus dans ces régions ; les principales scieries actuellement en activité sont celles de *Straiture*, de la *Mirau*, du *Lançoir*.

Cette dernière nous apprend M. Haxaire tire son nom d'une sorte de construction entreprise en 1817, consistant en « deux sapins sciés adaptés ensemble par des crampons et adossés au terrain en forme de pétrin. Cette construction s'appelait le *Lançoir* parce qu'on y lançait les bois de corde et les troncs destinés à devenir planches. Les inconvénients que ce mode de vidange du bois entraînait firent supprimer le Lançoir. » (1)

Le flanc droit de la vallée de Straiture est formé par le massif entre les deux Meurthes que nous allons explorer ; le côté gauche est bordé par les montagnes qui séparent la vallée de la Petite-Meurthe de la vallée de Martimprey-Gerbépal.

De la vallée de Straiture de nombreux sentiers escaladent le massif qui sépare les deux Meurthes; ils donnent accès à ses points de vue les plus remarquables.

C'est de Hervafaing au Rudlin qu'il présente sa masse la plus imposante ap-

(1) Notes manuscrites.

pelée jadis la *Montagne de la Grande Bouroche*.

Sur le versant de la grande Meurthe, de Fraize à Serichamp, son point culminant, les sommets s'élèvent graduellement : *La Roche* (909 ᵐ.), *col de Rovémont* (1063 ᵐ.), *Charbonichamp* avec sa chaume et ses fermes (1113 ᵐ.), *Strazy*, d'où descend vers la Grande-Meurthe, à travers un sauvage mais riant vallon, le *ruisseau de Strazy*, (1119 ᵐ.), enfin la chaume de *Serichamp* (1) dont le signal est à 1147 ᵐ.)

Ancienne propriété du Chapitre de Saint-Dié, la chaume de Serichamp, avec sa ferme qui appartient aujourd'hui, à la famille Grandcolas de Saint-Diè, a une histoire intéressante et documentée. On peut s'en rendre compte dans l'ouvrage de M. P. Boyé, que nous avons déjà cité(2).

(1) *Serichamp — champ de la souris*. On disait autrefois *Souris-champ*. — Quoique souris se dise en patois *s'ris*, il en est bien peu qui sachent l'origine de ce nom. *Dʳ Fournier.*

(2) *Les Hautes-Chaumes des Vosges* — « De très nombreuses copies et plusieurs pièces — dont des actes authentiques — concernant Sérichamp ont été réunies par les plus récents pro-

Serichamp est une des plus pittoresques promenades recommandées aux touristes par le *C. P. C. F.* Entreprise de Fraize avec retour par le Valtin ou descente sur Straiture, Clefcy, elle demande des jarrets vigoureux et un pied montagnard, mais l'originalité et la fraicheur du paysage en font supporter gaîment la montée pénible. La vue qui vous attend au *signal de Serichamp* est superbe : un panorama sur les Vosges et l'Alsace, que les guides vous détailleront volontiers.

Sur le versant de la Petite-Meurthe les pentes du massif se présentent plus accessibles, plus habitées, plus cultivées. Ce sont de riants vallons pleins de fraicheur ; ce sont les sentiers qui du Grand Valtin, de Straiture, d'Hervafaing, aboutissent au sommet ; c'est la tranchée de *Foincel* avec sa ferme, le vallon du *Seucy* avec sa gente maison forestière animant une clairière, et son ruisseau qui fit marcher jadis les premières scieries du val de

priétaires de cette chaume : MM. Grandcolas. » *Note de la page 202.*

Galilée, c'est le vallon du *Chavotey*, le vallon de *Stingigoutte* (1), le hameau du *Bouyeran* ou *Bouillerau* qui commande la vallée (2).

Ces noms sont aussi anciens que les premiers habitants du pays ; on les lit dans les vieux grimoires des familles, dans les archives relatant les droits et possessions de l'antique Chapitre (3). Les *scies* ou *seignes* du *Chavotey*, de *Seucy* signalées dans des actes de 1516, 1580, etc. nous prouvent aussi que le commerce du bois n'y date pas d'hier.

Rappelons qu'à Seucy, les chanoines de l'ancien Chapitre avaient une maison de campagne qui prenait volontiers le titre de *château de Seucy*. « La maison du Seucy qualifiée de château nous apprend de nouveau M. Haxaire (4) existe encore et elle n'a pour la distinguer des autres

---

(1) De *Steige*, chemin à pente raide, et *goutte*, ruisseau.

(2) *Bouillereau*. — Eau jaillissant fortement et bouillonnant.

(3) Archives Vosges Epinal-Série G.

(4) Notes manuscrites.

habitations qu'un certain air d'élégance et deux girouettes placées à chaque extrémité du faîte, elle fut construite par les chanoines de Saint-Dié. Elle leur servait de gîte lorsqu'ils venaient pêcher la truite abondante et exquise du ruisseau de Seucy, ou se livrer au plaisir de la chasse dans les vastes forêts du voisinage. »

Le prétendu château de Seucy ne fut d'abord qu'une ferme accostée d'une scierie, construite en 1712. En cette année, en effet, le Chapitre amodia « pour 7 ans la *maison et la scie* que les chanoines feront construire à Seucey, moyennant 400 francs pour chacune des six dernières années (1). »

Cependant *les girouettes du toit monumental, et le certain air d'élégance* ne sont pas précisément pour détruire l'idée laissée dans la tradition que cette maison aurait servi de villa campagnarde à MM. les Chanoines.

Au sortir du défilé de Straiture la rivière trouve large passage : dès Herva-

---

(1) Archives Vosges, Série G 493

faing elle s'affirme, puis va se grossissant
de tous les ruisseaux qui descendent des
deux collines. A Hervafaing elle sème la
verdure, féconde les pelouses et déroule
le riche tapis des prairies.

Discrètement elle coule dans la vallée
chantant sa chanson au roseau de la rive,
jouant à cache-cache sous les bouquets
d'aulnes, baignant les hameaux de la *Scie*,
du *Vic*, de *Braconceil*, de *Pont-de-Pierre*.
La route l'accompagne, sans se faire son
esclave, tantôt de près, tantôt de loin, se
contournant cependant sous la *Pierre des
Raquettes*, pour longer le *Rain de la
Bruyère*.

Bientôt les deux chainons paraissent
presque dénudés, celui de la rive gauche
se termine à Clefcy par les rochers de
Boslimprey, à droite sur un dernier épe-
ron se profile le galbe de la chapelle *Saint-
Hubert*, fameuse par sa légende du chien
enragé.

La vallée s'es complètement élargie, à
Clefcy elle présente le spectacle de la vie
champêtre et montagnarde dans le char-
me de sa solitude.   10

Cette contrée actuellement occupée par les deux communes de Ban-sur-Meurthe et de Clefcy, formait l'ancien *Ban-de-Clefcy* dont les ducs et le Chapitre se partageaient le domaine.

Les deux bans de Fraize et de Clefcy ont la même origine comme la plupart des paroisses du *Val-de-Galilée*. L'ancien ban de Clefcy pourrait fournir le sujet d'une étude historique intéressante, mais qui n'entre point dans le cadre de cette excursion à travers la Haute-Meurthe. Nous y reviendrons peut-être, en attendant, nous en dirons quelques mots seulement, rappelant d'abord, d'après *Jean Ruyr*, que Clefcy fut la neuvième cellule fondée par les disciples de *saint Dieudonné*, sous le vocable de *Sainte-Agathe*. « La neuvième cellule plus voisine de « *Fraisse,* fut dédiée à la mémoire de « sainte Agathe, vierge et martyre, en un « vallon plus étroit sur le fluant de la ri-« vière de la Meurthe, et avoisinant les « Chaulmes : le territoire d'illec appelé « le *Ban de clef serre,* comme qui dirait

« clef serrant le val de Galilée. Aussi n'y
« a-t-il de ce détroit aucun grand chemin
« pour sortir des marches de Lorraine...
« maintenant on dit *Cleuvecy*, divisé en
« deux Bans : l'on qui est séparé de la
« rivière vers le midy est dit le *Ban-le-*
« *Duc* et l'autre le *Ban-du-Chapitre*.

« Les villages de l'un et l'autre sont :
« *Hervafain, Sachemont, le Braconcey,*
« *le Vic, le Seuche, la Pellière* et *l'Aître*
« en aval. » (1).

Les plus anciens titres concernant Clefcy et Ban-le-Duc remontent au XII° siècle. *Ban-le-Duc*, du domaine des ducs de
Lorraine, était le chef-lieu d'un doyenné
ou mairie. Le doyen de Ban-le-Duc était
un personnage célèbre jadis. Durival nous
apprend dans la *Description de la Lor-*
raine que le 1ᵉʳ août 1679 le duc Charles V
donna l'office de doyen de Ban-le-Duc à
Valentin-Valentin, ce qui fut confirmé par
le duc Léopold le 4 février 1700.

Le doyenné de Ban-le-Duc comprenait :

---

(1) *Ruyr*, 3ᵃ partie des Saintes antiquitez de la
Voge. Ch. II.

Lechêne, chef-lieu, *Boslimpré, Les Gri-
mels, Le Grand Valtin, Hervafaing, Sachemont, Le Vic* en partie.

Le hameau du *Chène* qui était chef-lieu
du doyenné était décoré du titre de village,
et, même encore au XVIIIe siècle, tout
cabaretier de ce village-chef-lieu, devait
payer cinq francs au domaine pour avoir
droit d'ouvrir taverne. D'ailleurs dans tout
le ban de Clefcy, il était défendu aux ta-
verniers de donner à boire aux gens du
lieu après l'angélus du soir sous peine
d'une amende de 25 francs, la même
amende était portée contre les ivrognes [1].

A la Révolution, *Ban-le-Duc* troqua son
nom aristocratique *contre celui de Ban-
sur-Meurthe.* C'est une des rares communes de France qui aient conservé leur
appellation révolutionnaire.

Au XIVe siècle, Clefcy et Ban le-Duc
furent ravagés par les habitants de Münster. Plus tard les Suédois y amoncelèrent les ruines. « La contrée fut tellement ravagée par eux, en même temps

---

[1] Archives vosgiennes, Série G. 490.

que la famine et la peste décimaient la population qu'un pré de Hervafaing fut échangé, dit-on, contre une miche de pain, ce qui fit donner à ce pré le nom de *Pré-de-l'Aumône,* qu'il a conservé depuis... Entre Clefcy et Anould, un ratelier de champ se nomme *la Maladrerie.* Suivant la tradition on improvisa dans ce lieu un hospice pour séparer les pestiférés du reste des habitants (1). »

Les propriétés du chapitre de Saint-Dié au *Ban de Clefcy* formaient la seigneurie du *Cornal-d'en-Haut* dont les limites étaient parfaitement établies.

« La mairie de Meurthe, nous apprend un in-folio des archives vosgiennes (2), se divise en *Cornal-d'en-Haut* et *Cornal d'en-Bas.* Du premier dépendent les villages de Clefcy, la Pellière, le Souche Sachemont où les chanoines sont justiciers hauts, bas et moyens, ainsi que dans les terres de Steigigoutte, la Brulée Mon-

(1) LEPAGE et CHARTON, *Le Dép. des Vosges,* 2ᵉ partie, Clefcy.
(2) Série G, 233, Registre.

tagne, Ban Bois, Charbonéchamp, Gazons de Seucy, de Serèchamp... etc. »

Lorsque un sujet du chapitre changeant de résidence, devenait sujet du duc, il devait prendre congé de son maire en lui payant 5 gros; réciproquement les sujets du duc pouvaient se transporter sur les terres du chapitre aux mêmes conditions (1).

La paroisse qui comprend aujourd'hui Clefcy et la plus grande partie de Ban-le-Duc dépendait primitivement de la paroisse d'Anould, elle fut érigée en 1671, après la mort de François Thomas, curé d'Anould, qui laissait ses biens au finage de Clefcy à la future cure, pourvu que celle-ci fut érigée dans l'année suivant son décès (2).

En 1730, les revenus de la cure s'élevaient à 914 livres plus 12 chariots de foin, 4 jours de champ sans dîme et 2 jours avec dîme.

L'église rebâtie en 1784, est sans aucun style ni intérêt particulier.

(1) Archives vosgiennes, série G, 497.
(2) Id., 489.

Rappelons encore l'antique et toujours
vivant usage des *conattes*, gâteaux com-
posés d'œufs et de farine, qui se mangent
en carême, dans la vallée de Clefcy.

Avant d'arriver à Sondreville, la rivière
qui court à travers les prairies, entretient
un étang d'alimentation pour les papeteries du Souche-d'Anould ; elle croise la
voie ferrée et vient enfin mêler ses eaux
à celles de sa sœur jumelle pour former
véritablement la Meurthe.

CHAPITRE VII

Les prairies de la Haute-Meurthe et leur irrigation. — Anould et les grandes papeteries du Souche.

A Sondreville, où s'opère le confluent
des deux branches qui la constituent défi-
nitivement, la Meurthe prend une direction septentrionale bien décidée jusqu'à
Saint-Dié. La vallée s'ouvre et offre à la
rivière un lit digne d'elle,

Nous sommes bien sortis des défilés de la haute montagne, et, comme à l'issue d'un étroit et sombre portique, nous voilà sur le seuil d'une pièce spacieuse remplie de lumière. Quel changement de décor ! Quelle variété dans cette royale parure de la nature ! Ce n'est plus la grâce sévère, la beauté sauvage de la sylve, de la sapinière, de la chaume déserte et parfumée, mais c'est encore le même enchantement, c'est encore la montagne avec des vallonnements plus doux, des escarpements plus accessibles. Les contreforts de la chaîne centrale fermant toujours la vallée semblent s'écarter pour laisser la rivière élargir son lit et se répandre à certaine saison sur la pelouse des prairies qu'elle inonde, non pour les dévaster mais pour les féconder par l'apport de ses bienfaisantes alluvions.

Ce pays de la Haute-Meurthe n'est pas précisément adonné à l'agriculture, nous en avons déjà fait la remarque ; mais constatons en passant qu'il est bien rare de rencontrer ailleurs prairies plus ferti-

les que celles des bords de la Meurthe ;
ses eaux vertes ont, semble-t-il, une spéciale vertu qui rend l'herbe plus riche, le
fourrage plus dru, plus savoureux, et dote
le lait, le beurre et le fromage d'un arôme
inconnu aux laitages des pays plats.

Les vallons des Vosges présentent l'aspect ravissant d'un gazon toujours vert
pendant plus de six mois de l'année, qui
contraste singulièrement avec ces masses
chauves ou boisées dont les cimes sévères
se perdent dans les nues. C'est la qualité
de l'eau et l'art de l'irrigateur qui entre-
tiennent et repolissent sans cesse ce sinople de nos prairies. Aussi l'irrigation
s'est-elle élevée depuis longtemps à la
hauteur d'une science, avec le sens pratique du montagnard. « L'eau pure qui
jaillit de nos montagnes, écrit un spécia-
liste, étant l'aliment des végétaux qui
croissent à leurs pieds, on a senti de bonne
heure la nécessité de la contraindre, et ne
la laisser échapper que lorsqu'elle aurait
parcouru tous les points réclamant sa
présence, c'est ce qui est arrivé et depuis

un temps immémorial l'art des irrigations
est porté à sa perfection. » (1)

L'irrigation procède par des rigoles prenant l'eau à sa source pour arroser les
pentes herbues des vallons ou dans la rivière pour les prairies adjacentes. A l'aide
d'une digue vous détournez certain volu-
me d'eau de son lit ; c'est la *prise d'eau*,
d'où naît le canal principal. Des rigoles
distributrices en sortiront ici et là pour se
réticuler en saignées d'épandage, appelées
raies. Les prairies sont ainsi divisées en
sillons palmés ; l'arête légèrement bom-
bée est occupée par la *rigole* sur laquelle
les raies se greffent comme des fibres sur
la feuille. Chaque embranchement est mu-
ni de sa *vanne* avec *empellement* ou *por-
tière* qui permettra à l'irrigateur de régler
la distribution.

L'irrigation est tellement essentielle à
la prospérité des prairies qu'on a dû laisser s'établir une espèce de droit coutu-
mier présidant au partage raisonné du

(1) Voyage agricole dans les Vosges en 1821, p.
H. Mathieu, p. 87.

fluide générateur. Voici, par exemple, un ancien usage, (existe-t-il encore aujourd'hui) ? qui consistait à opérer le détournement des eaux de la rivière le samedi après le soleil couché, jusqu'au dimanche à la même heure, sans que les propriétaires des nombreuses scieries ou des manufactures puissent y mettre obstacle. Les autres jours leur agrément devenait nécessaire.

C'est à la sortie de l'hiver qu'il faut aller voir fonctionner l'irrigation ; c'est alors en effet que l'irrigateur est sans cesse en éveil, vous le verrez dans toutes nos prairies avec la *hache à pré* et la *houe* dirigeant l'eau et lui traçant une voie.

Sondreville (de *Sondrot* ou *Saunerot*, *Saunier, villa des Sauniers* (1) n'est qu'une agglomération de quelques maisons avec une scierie qui fut jadis féculerie et une récente fabrique de pâte à papier.

Le dernier contrefort du massif entre les deux Meurthes projette sur Anould un

(1) Ou peut-être de Cendre-ville village réduit en cendres, sans doute par les Suédois.

promontoire dénudé où le C. P. C. F. a
fait élever un kiosque et qui se termine
par la *Roche du Sphinx*. Avec un peu de
bonne volonté et d'érudition classique,
vous apercevrez cette roche, de profil,
avec la vague forme du célèbre dieu de
pierre de Gizey. Mais ne vous effrayez
point vous n'êtes pas sur la route de Thè-
bes, ce sphinx de granit n'a rien de terrible, et ne propose aux passants aucune
énigme ; inutile de réquisitionner un
Œdipe pour lui tenir tête.

La vallée d'Anould, faisant suite à celle
de Gerbépal rejoint la vallée de la Meurthe à *La Barrière ;* hameau situé sur la
grand'route et ainsi nommé à cause de la
barrière établie à la jonction des routes
de Saint-Dié à Colmar et à Gérardmer.
Jadis le hameau de *La Barrière* se nom-
mait *Bethléem*. Pourquoi ? était-ce une
allusion à la pauvreté de la cense ? Dans
ce cas je comprends qu'elle ait changé de
nom, car elle a changé d'aspect : c'est
une agglomération de maisons propres
dont la plus grande est une ancienne
brasserie.

On aperçoit sur la droite de la route et adossée à l'enclos de l'ancienne brasserie la chapelle au toit pointu, élevée jadis en l'honneur de Sainte Richarde par la piété de *Jacques Delarue* ; les pèlerins y vont encore nombreux le 18 septembre. On n'y trouve cependant à vénérer ni relique ni image de Sainte Richarde ; mais c'est un témoin authentique une preuve de l'antiquité et de la popularité du culte de la Sainte dans la vallée de la Meurthe (1).

Nous sommes à *Anould* (de *Anoldium* lieu planté d'aulnes (2). C'est une forte commune composée de différents hameaux dont aucun ne porte le nom d'Anould. Quelques-uns s'étagent sur les bords de la Meurthe, d'autres sont perdus dans les replis des contreforts de la vallée, sur le ruisseau de *L'anoux* qui descend de la rive gauche et rejoint la Meurthe en amont de Saint-Léonard.

_____

(1) Voir la vie de Sainte Richarde dans la *Vie des Saints du diocèse de Saint-Dié* par l'abbé E. Lhôte.

(2) L'étymologie de *aux-nœuds* est inacceptable comme celle de *agneaux*.

Le centre le chef-lieu de la commune, est la *Hardalle* dominée par les fameuses roches de la Hardalle, que nous signalons aux touristes.

Anould fut jadis un ban célèbre. Le ban d'Anould, dont l'origine remonte également au temps de Saint-Dié ; (10e cellule fondée sous le vocable de Saint-Antoine) relevait pour le temporel des ducs de Lorraine et ne formait qu'une communauté avec *Ban-le-Duc.*

Les ducs, de tout temps, cédèrent en fief le ban d'Anould à un seigneur vassal qui portait le titre de seigneur d'Anould.

Les archives départementales des Vosges et de la Meurthe dont les plus anciens titres concernant Anould, remontent au XIIIe siècle, nous permettent de rétablir la série bien incomplète des seigneurs du ban d'Anould. Ce sont, en 1295, Raoul, Henri et Evrard d'*Andèle*, à qui le duc Ferry engage ce qu'il a à *Aunoulf;* en 1614 François *Fournier*, receveur de Saint-Dié, à qui le duc Henri engage le ban d'Anould moyennant 16.000 francs barrois, avec faculté de réachat perpétuel (1).

En 1624, le ban d'Anould, avec les terres de Phalsbourg et de Lixheim et d'autres fiefs et propriétés est donné en apanage à Henriette de Lorraine, fille de François II, nièce de Henri II, sœur de Charles IV, princesse demeurée célèbre par ses aventures et ses mariages, qui, cette année, épousait Louis de Guise, duc d'Ancerville. Devenu, par ce mariage, prince de Phalsbourg et de Lixheim, le prince entra aussi en jouissance du ban d'Anould comme concessionnaire des droits de François Fournier, auquel il fut subrogé.

En 1654, Henriette de Lorraine, remariée au riche génois *François Grimaldi*, cède, avec l'autorisation de son mari, le ban d'Anould à un *Nicolas Certany*, qui ne le conserva que peu de temps. Vers 1660, le seigneur du ban d'Anould est le chevalier de la *Vigerie-de-Tragny* (2).

Les seigneurs de Provenchères et de

(1) Lepage et Charton.
(2) Arch. du dép. des Vosges. Série G. 144, 446.

Lusse avaient également des droits et
propriétés sur le ban d'Anould, et prenaient aussi le titre de seigneurs d'Anould;
un acte de 1758 porte « seigneur des bans
d'*Anoux* et Luce en Vôge » ([1]).

En 1687, *Paul Dolmaire*, écuyer de
Saint-Dié, de la famille des *Dolmaire*,
seigneurs de Provenchères, Lusse, etc.,
anoblie en 1632, tient la seigneurie d'A-
nould par engagement. C'était, paraît-il,
un personnage assez pointilleux ; d'un
mandement par le Parlement de Metz au
bailli de Nancy, nous apprenons qu'il y
eut lieu de procéder à une information au
sujet des injures et voies de fait dont Nicolas Petitdidier, curé d'Anould, et le
fabricien de l'église ont été l'objet de la
part de *Dolmaire,* depuis qu'il tient la
seigneurie d'Anould.

Nous avons vu que dans tout ban du
val de Galilée le doyen était, au civil, le
personnage administratif le plus important ; parmi les doyens du ban d'Anould
nous relevons les noms de *Nicolas Petit-*

(1) D. Fournier. Bassin de la Meurthe, p. 87.

didier (1603) et de son frère *Gabriel Petitdidier,* tabellion et doyen du ban d'A-
nould (1603).

Il existait sur le ban d'Anould (entre le
Paire et la Hardalle), une maison franche
appelée le fief de la *Treserierie* ou *Tressonnerie.* Cette maison franche doit être
celle que l'on désigne aujourd'hui sous le
nom de *château du Marais.* Cette habitation, nous apprend de nouveau M. Haxaire,
est de taille plus qu'ordinaire. Aujour-
d'hui, les appartements en ont été modi-
fiés et appropriés aux usages de la campagne, mais sa physionomie dénote une
origine illustre.

En 1622, le fief appartenait pour la moitié aux chanoines de Saint-Dié et à noble
Pierson Ferry, seigneur de Lusse. « Les
droits, franchises et authoritez et rentes
de cette maison franche sont rappelés, en
1622, ainsi qu'il suit : « Les habitants de la
dite Tressonnerie sont exempts des aictes
et subsides lors des traités communaux et
participent à tous les émoluments de la
communauté, les bêtes gagées sont mises

11

en otage dans cette maison où les prison-
niers, criminels ou non, ont 40 jours de
franchise, s'ils le demandent comme dans
une église. De la Tressonnerie dépendent
deux charrées de foin, lieu dit *Sequemengi-
pré*, finage de Develine, et trois journaux
aux Cerisiers et aux Pointes, finage du
Paire et de la Hardalle, ainsi que plusieurs
rentes en avoine et en argent sur des hé-
ritages situés notamment aux bans d'A-
nould, Clefcy, Ban-le-Duc, Fraize (1). »

La paroisse est elle-même très ancienne,
elle est la mère de la paroisse de Clefcy,
démembrée en 1671. Les archives paroissiales ne datent cependant que de 1602 et
celles de la commune de 1582.

L'église, bâtie à la Hardalle, coiffe une
éminence visible de tous les points. Son
état actuel accuse une restauration moderne. Déjà remaniée en 1832, elle fut
coquettement réparée en 1869. Son aspect
extérieur est d'un effet bien décoratif, au
centre de la vallée.

Une requête adressée au chapitre par

(1) Archives du dép. des Vosges, série G, 452.

les habitants d'Anould, en 1682, nous apprend que déjà à cette époque l'église fut rebâtie. Les habitants demandaient l'autorisation de prendre des pierres dans la montagne de Vanémont pour rebâtir leur église, en ménageant une chapelle à chacun des flancs du chœur, avec engagement de réparer pendant 25 ans les dégâts qui pourraient survenir par suite de ces travaux (1).

En 1703, Jean-François Vichard, aumônier de l'hôpital de Saint-Dié et secrétaire du chapitre, fonde une place presbytérale ou *prestimonie* en l'église d'Anould pour l'entretien d'un prêtre, bénéfice qui restera à la collation du grand prévot du chapitre. Dans la pensée du fondateur, c'était faciliter aux paroissiens la fréquentation de l'office divin, par la création d'une messe matutinale les dimanches et fêtes, suivie, de Pâques à la Toussaint, d'une instruction catéchistique. Pour mieux atteindre ce but et assurer la résidence du titulaire, la fondation comprenait, outre

(1) Archives du dép. des Vosges, série G, 446.

la constitution d'une rente, le don d'une
maison, d'un jardin et de plusieurs prés,
le tout au finage d'Anould et produisant
annuellement 528 livres au cours de Lorraine (1).

Parmi les plus anciens curés d'Anould,
nous relevons les noms de *Aubert* (1307),
Wiris, curé d'Anould et sonrier du Val
(1346), *Jean de Docelles* (1437), *François
Thomas* (1660). Le testament de François
Thomas, curé d'Anould et Clefcy, daté de
1670, lègue à la paroisse de Deneuvre,
érigée sous l'invocation de S. Remy, 400
francs pour achat d'ornements et de vases
sacrés, 800 francs à Deneuvre, Baccarat,
Anould et autres paroisses pour frais de
missions. En outre, ce généreux curé des-
tinait tout *son gagnage de Clefcy* à l'entretien de deux maîtres d'école à Clefcy
et à Sachemont, et engageait tous ses
immeubles en fondations et bonnes œuvres (2). Non moins généreux fut *Nicolas
Petitdidier*, fils du tabellion Gabriel Petit-

(1) Archives du dép. des Vosges, série G, 446.
(2) Arch. du dép. des Vosg., G. 446.

didier, curé d'Anould vers 1776, mort curé
de Wisembach. Par son testament, daté
de 1703, il fait des legs pieux aux églises
d'Anould, de Wisembach, aux capucins
de Saint-Dié, aux carmes de Baccarat, aux
jésuites d'Epinal; il laisse différents fonds
à Gabriel Petitdidier, son neveu, chirur-
gien à Saint-Dié, et à sa sœur Jeanne, re-
ligieuse de S. François, à Dieuze (1).

Un curieux usage que M. Charton rapporte sur Anould, mérite d'être rappelé
de nouveau. « Quand un jeune homme
d'une autre paroisse épouse une fille
d'Anould, nous apprend l'auteur des *Vosges pittoresques*, les garçons de ce dernier village accompagnent, armés de fu-
sils, la mariée, non seulement à l'église
où se donne la bénédiction nuptiale, mais
jusqu'aux limites du village où elle doit
demeurer désormais. Là, des félicitations
sont adressées aux deux époux et ne prennent fin que lorsque les parents ou les
amis de la mariée ont remis aux villageois
de son escorte, plusieurs pièces de mon-

(1) Arch. du dép. des Vosg., G. 446.

naie enveloppées de papier et dont la qualité est vérifiée avec un extrème soin, pour
s'assurer que ces pièces sont pures et de
bon aloi comme la jeune épouse. La même
cérémonie se renouvelle au domicile du
mari, et c'est alors seulement que sa compagne lui est abandonnée » (1).

Ce n'est pas la seule coutume antique,
ni même la plus singulière; en voici une
autre inédite. Le jour de la fête patronale
(17 janvier), au sortir de la grand'messe,
garçons et filles, bras dessus, bras dessous, s'en allaient *rondier* autour d'un
tilleul centenaire, qui élevait sa tête pa-
triarcale à une centaine de mètres de
l'église. Il eût fallu, paraît-il, que le temps
fût bien mauvais, pour que la jeunesse
montagnarde renonçât à cette danse en
plein air. Et si d'aventure le soleil se met-
tait de la partie et retrouvait sous les gla-
ces de l'hiver un rayon plus guilleret pour
leur sourire, nos jeunes gens, pour n'être
pas en reste d'amabilité, dépouillaient le
veston ou la blouse et dansaient en bras

_____

(1) *Les Vosges pittoresques et historiques*, p, 204.

de chemise; d'où ce dicton qui avait cours dans tout le ban : « Il vaut mieux voir le loup sur le bord de la forêt que la jeunesse danser bras nus sous le tilleul. » Ce qu'on peut traduire en disant que le soleil de janvier avec son printemps prématuré laisse toujours craindre un retour offensif de l'hiver pour les véritables mois de printemps.

Le carnaval ramenait encore un autre usage bien connu : les *bures* allumées sur la montagne et autour desquelles un gars dénonçait au public les mariages sous roche. Les couples se formaient ainsi; le jeune homme *dôné* offrait le bras à sa dônée, et lui faisait la conduite, le soir, jusque chez elle. Si les parents l'accueillaient avec bienveillance, c'était un encouragement à faire sa cour en règle; dès les jours suivants, il engageait l'affaire par un cadeau à sa valentine. Tel était le prologue habituel des fiançailles.

Depuis longtemps Anould est renommé pour ses admirables et immenses papeteries du Souche. Elevées sur la rive droite

de la Meurthe, les bâtiments de ces papeteries occupent l'emplacement d'un ancien moulin banal relevant des seigneurs
du ban d'Anould, et dont le barrage sur
la Meurthe est indiqué sur la carte de
Cassini. Quelques titres du XIIᵉ siècle font
mention de ce moulin seigneurial.

On sait que l'industrie du papier dans
les Vosges peut se flatter d'une origine
presque centenaire. Les papeteries du Souche datent de 1820. Leur fondateur est M.
Ferry, de St-Dié, qui s'associa pour cette
entreprise M. le comte de Lignéville. C'est
encore naturellement à la rivière elle-
même que notre pays est redevable de
cette industrie. En cet endroit de la vallée
jadis si peu peuplée, elle offrait tous les
avantages nécessaires à une usine naissante.

Dès l'année 1830, la papeterie du Souche prend un essor qui ne se ralentira
plus et se développera constamment, suivant graduellement la marche du progrès
mécanique et industriel. C'est de cette
époque que date sa constitution en société

anonyme, ayant son siège social et son conseil d'administration à Paris, 73, rue de Reuilly.

Le directeur général et le président du conseil d'administration résident donc à Paris ; ce sont actuellement MM. Pierre Mauban, directeur, et Georges Mauban, président du conseil. Le directeur des usines réside au Souche d'Anould, près des papeteries ; présentement c'est M. A. Schuehmacher, qui depuis huit années dirige avec l'esprit pratique qu'on lui connaît tout le service technique de ces vastes ateliers.

Au début, l'on ne fabriquait à la cuve que le papier à la main, par des procédés tout à fait primitifs, tombés depuis long-temps en désuétude ; mais en 1830, les papeteries du Souche avaient déjà adopté, à l'exemple de la papeterie de Plainfaing, la fabrication mécanique, d'après le sys-tème de M. Saint-Léger-Didot.

Tout d'abord et pendant longtemps, on n'employa que les chiffons comme matière première, puis on s'est mis à fabriquer les papiers les plus divers et l'on employa au Souche comme matière tout ce qui était susceptible de se transformer en pâte à papier. Aujourd'hui le bois prime toutes les autres matières premières. Le Souche est donc entré dans l'outillage si perfectionné que la fabrication du papier de bois comporte actuellement; aussi, depuis 1870, il n'est pas une année qui n'ait vu s'agrandir les bâtiments de ces papeteries.

Si vous obtenez la faveur d'y entrer, visitez en détail ces divers ateliers et vous serez surpris d'y trouver l'aménagement à la fois simple, pratique et merveilleux. Ce sont de véritables ruches ouvrières admirablement organisées et dirigées.

Voici, près de la villa du directeur, les bureaux, où nombre d'employés sont occupés derrière les registres et les in-folios. Voici le bâtiment qui recèle la machine à vapeur, voilà la prise d'eau, le canal qui sert pour la force hydraulique, il serpente agréablement autour des longues murailles. Ici, ce sont les grandes salles, leurs machines, et leurs nappes

de métal, qui opèrent avec le bruit ca-
dencé d'un tic-tac monotone. Là-bas ce
sont les locaux où s'entassent les chiffons,
les magasins où s'amassent les piles de
papier, prêtes à être expédiées.

Nous n'entrerons pas dans les détails
techniques de la fabrication. Suivre la matière première brute, chiffons ou bois, depuis son entrée dans l'usine jusqu'à sa sortie,
métamorphosée en papier de toute sorte,
serait sans doute une étude aussi intéressante que celle de la fabrication cotonnière, mais nous préférons renvoyer le
lecteur aux ouvrages spéciaux déjà parus
sur ce sujet, entre autres à la *Revue men-
suelle des études industrielles,* qui traite
des grandes usines et des papeteries vosgiennes.

Qu'il nous suffise de dire que l'on fabrique au Souche le papier de chiffons, le
papier de bois, le papier de paille,

Le papier de bois est celui qui aujour-
d'hui a le plus de cours. Lorsque la matière première arrive au Souche elle sort
des usines de pâte à papier qui sont de

deux sortes ; d'abord, les usines de pâte
de bois simplement râpé, appelée *pâte
mécanique.* Cette pâte mécanique fait le
papier commun qui disparaîtra sous peu.
C'est à Sondreville que se trouve la fabrique de pâte mécanique, nous l'avons signalée. Jadis il en existait une aussi, près
de la Barrière, supprimée depuis.

Mais le véritable papier de bois est celui
qui se fabrique avec la *pâte chimique,* la
cellulose de bois. Par des procédés chimi-
ques, la cellulose de bois est facilement
débarrassée de la matière inconstante et
donne des fibres souples, faciles à blan-
chir ; dès lors la cellulose de bois remplace
celle de lin, de chanvre, dont elle possède
la solidité.

L'usine de pâte chimique se trouve près
du Souche ; on l'aperçoit sur le bord de la
route, entourée de quantités de morceaux
de bois enrôlés qui semblent lui faire une
défense de murailles rustiques.

Une fois arrivée à la papeterie proprement dite, la pâte de bois, mécanique ou
chimique, peut se transformer en papier

avec l'outillage propre à la pâte de chiffons, mais il est avantageux d'employer
un outillage spécial ; c'est ce que fait la
papeterie du Souche.

Le bois mis en œuvre est particulièrement le sapin ; les forêts vosgiennes en
fournissent une faible partie ; les bois uti-
lisés arrivent principalement d'Allemagne
et des pays scandinaves. A présent la papeterie du Souche consomme, comme
matière première, vingt-sept mille stères
de bois par an.

Si vous voulez avoir une idée de la rapidité de fabrication, suivez l'odyssée d'un
sapin coupé le lundi matin en forêt. Il arrive le lendemain à la fabrique de pâte
chimique, il passe bientôt transformé en
pâte à la papeterie et le samedi suivant, il
en sort sous forme de papier à lettre très
élégant, de papier parcheminé, de papier
à dessin, à photogravure. En un mot,
toute variété de papier, depuis le plus
simple, jusqu'au plus élégant sort des papeteries du Souche.

Au début, vers 1830, le Souche produisait environ huit cents kilogrammes de papier par jour; en 1870, son outillage déjà bien perfectionné lui permettait un rendement de trois mille kilogrammes. Aujourd'hui, les papeteries du Souche marchent en tête du progrès, elles sont, comme bâtiment, outillage, perfectionnement et commerce, des premières de France, avec leur production journalière de dix-huit mille kilogrammes de papier.

Inutile d'ajouter que leur installation comporte tout le confort moderne, téléphone, éclairage électrique, etc.

Depuis quelques années, la typographie est entrée aussi dans l'œuvre du Souche.

La force motrice est d'abord la force hydraulique à turbines qui fournit une puissance de sept cents chevaux. En outre plusieurs machines à vapeur faisant quinze cents chevaux, achèvent de donner le mouvement nécessaire à cet immense labeur. Le nombre des ouvriers employés, depuis les manœuvres et les bûcherons, jusqu'aux commis de bureaux, monte presque à neuf cents.

Nous laisserons de côté dans cette revue la question sociale ; nous craignons d'être indiscret en publiant tout ce que les directeurs ont su entreprendre, avec le conseil d'administration, pour le bien-être de l'ouvrier, son amélioration morale et sociale, et l'augmentation du salaire.

Ajoutons seulement que sous peu va s'ouvrir au Souche, une crêche qui pourra recevoir jusqu'à cinquante enfants d'ouvriers, moyennant la modique rétribution de cinq centimes par jour.

CHAPITRE VIII

Saint-Léonard. — Les sabbats de la Planchette. — Une histoire de Sorcier. — Saulcy. — Sainte-Marguerite. — Le Confluent de la Fave.

C'est de Saint-Léonard à Saint-Dié que la vallée de la Haute-Meurthe acquiert toute sa largeur. Elle devient majestueuse sans cesser d'être gracieuse. La rivière arrose de préférence les prairies à droite se prêtant à tous les caprices des valonnements ; elle s'écarte ainsi de la voie ferrée qui, elle, longe le flanc gauche pour s'enfoncer, dès Saint-Léonard, vers Corcieux et la vallée du Neuné, en un tracé très pittoresque, accidenté de tunnels, de tranchées, de chaussées, de travaux cyclopéens à travers le roc et en pleine forêt. Cette ligne audacieuse qui rase le massif des Rouges-Eaux pour suivre le Neuné et la Vologne est l'œuvre de la primitive compagnie : *La Vologne,* qui plus tard fut englobée dans la grande compagnie de l'Est. L'embranchement de Saint-Léonard-Fraize date de 1876.

A partir de Saint-Léonard la vallée est close à droite par d'épais mamelons fourrés, qui, par les *Rapailles,* confinent au massif des *Rouges-Eaux* pour s'accouver sous le vieux *Kemberg.* La roche d'*Anozel* qui pointe à l'horizon, surveille toute la vallée, en aval et en amont de Saint-Dié. A droite les dernières inflexions de Mandramont se penchent pour livrer passage au *ruisseau de Mandray,* tributaire de la Meurthe, grossi de mille gouttes et torrenticules et donner accès vers les forts villages de ce coin montagneux.

C'est surtout dans les replis du massif qui sépare la Meurthe de la Morte, entre le ruisseau de Mandray et la Fave que se cachent ces villages, avec leurs nombreux hameaux, censes et fermes.

C'est *Contramoulin* (quatre-moulins)

12

dans la plaine large et circulaire, *Entre-deux-eaux* si bien nommé, et plus loin *Coinches*, avec les sections dépendant de Bertrimoutier. Ces villages sont aussi anciens que le val de Galilée lui-même, et fournissaient à l'ancien chapitre ses plus gros revenus. La tête de la *Behouille* au nord-Est de Mandray ne rappelle-t-elle pas les vignes à jamais disparues des chanoines d'autrefois ?

Près d'Entre-deux-eaux, le hameau de *La Planchette* est demeuré fameux dans le merveilleux populaire ; il paraît que les sorciers d'antan y tenaient leurs ébats nocturnes. Ces sabbats de la Planchette font encore le thème de moults contes et défraient les veillées d'hiver. Ecoutez le suivant, il est inédit.

Au temps des sorciers, il y a donc longtemps, vivait, non pas à la Planchette, mais dans une cense vaguement sise entre Mandray et Entre-deux-eaux, un brave homme, vieux garçon, simple produit du bon vieux temps. Il était seul en sa chaumine, cultivant un coin de terre qui lui donnait le vivre, il lui fallait si peu, car il allait la plupart du temps dans les fermes voisines, *à la journée,* en qualité de manœuvre, étant toujours serviable. Un soir il revenait de Saint-Dié assez tard ; c'était l'hiver, un hiver précoce ; déjà une blanche et légère couche de neige couvrait la terre et confondait les prés, les sentiers et les raies ; notre homme perdit son chemin et se trouva à la lisière de la forêt sans apercevoir la trouée de la sente. Il s'engage cependant hardiment sous bois, mais à peine a-t-il fait quelques pas, qu'il aperçoit sur la neige un cercle lumineux, et bientôt au centre du cercle, un jeune damoiseau princièrement vêtu qui avait un air méphèstophilique, si ce n'était pas Messire Belzebuth en personne.

Le pauvre homme ahuri restait là les bras ballants, les yeux écarquillés. Sans lui donner le temps de se remettre ni surtout de se signer, le diable, car c'était bien lui, l'interpelle et lui propose certaine poudre avec laquelle, lui, simple manant pourra s'élever à la puissance, à la

richesse, au bonheur. Que donnera-
t-il en retour ? Oh rien, ou si peu
de chose : signer un papier qu'on lui présente. Le paysan est méfiant, surtout
quand il s'agit de signer ; aussi notre
homme se gratte la tête ; il a reconnu le
diable, et les deux lignes d'écriture rouge
ne lui disent rien qui vaille. Inutile de
lire, il devine bien ce que cela dit ; il refu-
sera mais poliment.

Comme il a la conscience tranquille, il
revient vite de sa stupeur et tout paysan
qu'il est, il veut se montrer plus habile
que le diable : « Vous m'offrez, lui dit-il,
la richesse, le bonheur et une certaine
puissance pour me venger de mes ennemis, c'est bien, Messire, seulement je ne
me connais point d'ennemis, oncque ne
fis et ne ferai mal au prochain. La richesse
non plus ne me chaut, j'ai le vivre, rien
ne me fait envie. Quant au bonheur, il
habite sous mon toit ; je suis content de
mon sort, offrez-moi autre chose et si cela
me va nous verrons votre papier.

— « Eh ! mon bel ami, repart le malin,

tu es avisé, je t'offre donc de l'être davan-
tage, d'avoir merveilleuse ouverture d'esprit, mirifique science pour lire ès grimoires et livres d'église, pour savoir plus
que clercs et notaires jurés. Avec une
grande subtilité d'esprit, tu pourras répondre à ton bon cœur, être profitable à qui-
conque et mettre au service de ton prochain plus que deux bons bras : une tête
scientifique,

— « Oui-da, dit le bonhomme en se
frappant le front ce que vous mettriez là
servirait bien aux autres, mais moi, cela
me rendrait-il plus heureux ? Non, j'ai vu
notre sonrier qui est si savant, il a plus de
rides, il est plus soucieux que moi. Si la
bêtise et l'ignorance sont toujours gênan-
tes, la science et le génie ne font pas le
bonheur ; aussi m'est avis que pour être
heureux il ne faut être ni trop savant ni trop
bête non plus ; et ainsi suis-je voirement
et ainsi veux-je demeurer, s'il plaît à Dieu.
D'autant que je suis déjà bien vieux pour
changer de peau. Merci, beau sire, de vos
offres, allez les bailler à la jeunesse cha-

toyée d'ambition ; il n'en manque pas dans le Val.

— « Eh, par ma foi, se récria Satan, tu es en effet ou trop madré ou trop bête pour devenir sorcier.

— « C'est donc brevet de nécromancie que vous voulez me faire signer, riposta le paysan, alors vous êtes le diable en personne, Messire ?

Un épouvantable ricanement qui résonna dans toute la forêt, secouant les arbres lui répondit d'abord ; puis le diable reprit, se rengorgeant : « Me prendrais-tu pour un menu hennequin ? Mon pouvoir auquel tu veux te dérober, te prouvera sous peu que si jusqu'ici tu n'as pas eu d'ennemis, désormais tu en trouveras sur ton chemin ; maintenant tu vas connaître qui je suis et jusqu'où va ma suzeraineté, regarde. »

Et Satan lui montrait par la prairie qui s'étendait devers la futaie une ronde d'hommes et de femmes sarabandant par danse vraiment fantastique et infernale.

« Vois donc ceci, c'est le sabbat, proclama le diable, c'est mon royaume, tous ces gens sont miens, tous sorciers. Ils m'attendent pour festoyer, n'en es-tu pas ? »

En un clin d'œil il fut au centre de la ronde infernale. Le manant resta coi, étrange et ébaubi, devant le spectacle qu'il avait sous les yeux. La ronde sabbatique tournoyait par-devers lui et il y reconnaissait mainte figure. Enfin il entendit Satan qui le dénonçait à ces mécréants. « Vous êtes dévoilés ce soir, disait-il, demain vous serez par lui dénoncés à l'officialité ; courez au-devant et le dénoncez d'abord comme scélérat entaché de larcin ; je vous aiderai par artifices. »

Puis tout disparut et s'évanouit, notre homme se retrouva dans le silence de la nuit à l'orée du bois. Se signant et grelottant de froid et de peur, il regagna sa chaumière, mais toute la nuit il trembla, croyant sans cesse voir et entendre la musique et la danse infernales.

Le lendemain matin, les archers du bailli venaient l'arrêter ; il était accusé d'avoir volé dix mètres de toile et une bourse garnie chez le tabellion de Saint-Dié qu'il avait quitté la veille, à la nuit. Et par le fait, cachés sous son lit on trouva les dix mètres de toile et sous son traversin la bourse en question. Qui les avait transportés là ? Le pauvre homme savait bien que c'était la vengeance de Satan. Il se laissa traîner devant le tribunal et conta son aventure. Peut-être aurait-il trouvé créance, n'étaient les pièces à conviction qui l'accablaient de leur témoignage. Heureusement il avait ouï le Malin et savait que tout ceci était dol et sortilège. Il fit un grand signe de croix sur la bourse et sur la toile ; et alors on vit les mètres de toile tomber, se déchirer et devenir un tas de feuilles séches de la forêt et la bourse ne contenir que des cailloux encore couverts de neige.

Les vrais sorciers, ses accusateurs, furent à leur tour arrêtés, jugés et brûlés par le bailli du Val. C'est de ce moment que cessèrent les sabbats de la Planchette et c'est depuis cette époque aussi, paraît-il,

que l'on dit d'un homme ignorant ou simple d'esprit : *Il n'est pas sorcier !* Quant
à notre homme, pour un simplet, ne trou-
vez-vous pas qu'il n'était déjà pas si bête ?

Saint-Léonard, Saulcy, Entre-deux-Eaux,
font remonter leur origine aux cellules
fondées par les disciples de Saint-Dié,
ainsi que le prouve le texte suivant :
« L'onzième cellule sise encor sur le cou-
« rant de la rivière de Murthe fut dédiée
« de rechef au mérite de saint Jean-Bap-
« tiste, au milieu du ban de Saulcy... et
« l'autre sous le titre de saint Pierre et
« saint Lyénard qui est la douzième cel-
« lule dont le village où elle est située a
« pris dénomination... Les deux cellules
« sus-dites ne sont pareillement qu'une
« seule parochiale à laquelle depuis envi-
« ron trois cents ans on a annexé une
« troisième église sise au village d'Entre-
« deux-Eaux et dédiée à saint-Vincent le
« martyr. » (1)

Sous la seigneurie du Chapitre, Saint-

(1) Ruyr, 3ᵉ partie des *Sainctes Antiquitez de la
Voge*, Chap. II.

Léonard, au Val de Galilée, faisait partie
de la *Mairie de Meurthe,* divisée ainsi que
nous l'avons vu précédemment en *Cornal
d'En-Haut* et en *Cornal d'En Bas.* Au
Au Cornal d'En-Bas nous apprennent encore les archives départementales, (1)
« répondent les villages de Saint-Léonard,
« sauf trois maisons entre les deux riviè-
« res dépendant du ban de Saulcy, Gi-
« rompaire, Sarupt, trois hommages à
« Clingoutte, la plus grande partie de
« Contramoulin, etc. »

Il existait aussi à Saint-Léonard un fief
avec une tour et maison forte « sise entre le moulin et la maison du prestre » et
appelée « *tour carrée du fief de Saint-Léonard.* »

En 1318 le fief appartenait à *Fri-
rion de Saint-Léonard.* en 1412, à *Jacques
de Corcieux* qui le vend à *Erard d'Abbe-
ville,* écuyer, qui le cède lui-même en 1433
à *Demenge de Bult,* chanoine. En 1587, le
propriétaire du fief de Saint-Léonard est
Dominique Poirel, chanoine, sire de la

(1) Série G-233 in-folio.

tour de Corcieux. Il vend, cette année, le quart par indivis dudit fief de Saint-Léonard, moyennant six cents francs, au chapitre de Saint-Dié.

Nous ne pouvons citer que quelques noms, parmi les différents possesseurs, sires de la tour de Saint-Lyenard. D'ailleurs, de cette tour, comme du fief, il ne reste aucuns vestiges, sinon de vagues souvenirs.

Jadis Saint-Léonard était célèbre par ses moulins, en 1428 on parlait déjà du « *molin Bagadou sur la rivière de Murt* » et outre le moulin banal, le « *moulin Freschey* » existait aussi en 1590. En 1480 un « *moulin à papier* » fut construit à Contramoulin sur la Meurthe.

Saint - Léonard et Entre - deux - Eaux étaient donc primitivement annexes de Saulcy ; on n'y célébrait la messe que tous les quinze jours, à l'alternative ; mais en 1629 une transaction est faite entre les habitants de Saint-Léonard et le chapitre par laquelle il doit être célébré tous les dimanches une messe à l'église dudit Saint-Léonard (1).

En 1667 Entre-deux-Eaux devient annexe de Mandray, détaché de Fraize et pour dédommager « le sieur curé de Saulcy la paroisse de Saint-Léonard s'oblige à donner annuellement et à perpétuité cinquante francs lorrains payables en deux termes, sçavoir la moitié à la Saint-Remy chef d'octobre auquel on amasse les emaux et où commence l'année des sieurs curés, et l'autre moitié à Pâques. » (2)

Ce n'est qu'en 1770 que Saint-Léonard fut érigé en paroisse. Voici un texte des archives de la paroisse qui nous apprendra quel fut le premier vicaire résident de Saint-Léonard. « Messire Domini-
« que *Rovel*, ayant été nommé adminis-
« trateur, a desservi les deux paroisses
« de Saint-Léonard et de Saulcy en cette
qualité l'espace de quatre mois. Ensuite
« Messire *Nicolas Cleuvenat*, natif de Sa-
« dés, paroisse de La Croix-aux-Mines,

(1) Arch. dép. Série G. 770.
(2) Archives paroissiales de Saint-Léonard.

« pour lors vicaire, résidant à Saulcy,
« ayant obtenu le bénéfice par un concours
« qui se tint le 8 août 1770, fixa sa rési-
« dence audit Saulcy, étant la mère-église,
« et ledit Messire Dom Rovel fut nommé
« vicaire résident à Saint-Léonard où il a
« desservi en cette qualité l'espace de
« treize ans six mois. »

Les archives de la paroisse de Saint-
Léonard donnent la liste de tous les
curés de Saulcy-Saint-Léonard, avec une
notice sur chacun d'eux. Elles nous ren-
seignent aussi sur l'état de l'église avant
1690. C'est elles qui nous apprennent
qu'en 1696 la dite église trop petite fut
« rétablie par les paroissiens poussés d'un
grand zèle » que la sacristie date de 1710,
les cloches de 1714.

Faut-il ajouter que l'église de Saint-
Léonard, tombée il y a quelques années
en désuétude, vient d'être de nouveau
rajeunie. Elle mérite une visite, et le touriste de nos montagnes à qui la corres-
pondance du chemin de fer laisse ici
quelques quarts d'heures de loisirs, peut

profiter de son répit pour aller admirer les délicates peintures murales et les jolis vitraux qui font aujourd'hui la gloire de la paroisse.

Ne quittons pas Saint - Léonard sans donner une mention à l'industrie du bois qui se trouve ici, à cause des faciles communications, dans un centre excellent. Signalons surtout les scieries de M. Jules André. La scierie à vapeur, construite sur l'emplacement d'une féculerie est de date récente, avec sa haute cheminée elle présente tout le caractère d'une fabrique moderne. Sa force motrice hydraulique est de 35 chevaux et sa force vapeur accuse 40 chevaux.

Avec une ancienne scierie qui date de 1839, Saint - Léonard peut fournir 200.000 planches, et lorsque la scie à ruban fonctionnera, il ne sera pas débité moins de 300.000 planches annuellement.

On sait, qu'à l'époque de la révolution, lorsque l'Assemblée constituante décréta la division de la France en départements, Saint-Léonard fut le chef-lieu du neuvième canton du district de Saint-Dié, lequel canton renfermait Taintrux, la Bourre, Les Rouges et Basses-Eaux, Anould, Mandray, Entre-deux-Eaux, Saulcy, La Varde, Le Chênois.

Saulcy (de *Salicetum*, lieu planté de saules) formait à son tour trois petites seigneuries, relevant de différents maîtres qui étaient la plupart du temps, soit au sujet des limites, soit au sujet de certains droits, en contestations et procès.

La première, celle de Saulcy appartenait aux sires de Ribeaupierre qui furent pendant longtemps, on le sait, les plus riches et les plus puissants propriétaires du Val de Galilée ; plus tard aux comtes de Chateaubrehain, puis à différents gentilshommes tels que Demenge Ferry, écuyer, et le sieur de Mahuet président au parlement de Metz (1690).

Dans la deuxième seigneurie, celle du *Chesnoy* où le chapitre avait droit de jus_tice, le sire des Marches possédait quatre ménanties, qu'il abandonna au chapitre, en 1478. Celui-ci en 1560 revendit les quatre ménanties du Chesnoy pour rebâtir les églises et le cloître de Saint-Dié détruits par l'incendie de 1554.

La troisième seigneurie, celle de la Varde de Saulcy relevait des ducs de Lorraine. Finalement le chapitre devint le seul Maître de tout le ban de Saulcy, mais la famille de Bazelaire y possédait aussi de vastes propriétés, comme héritière des derniers seigneurs de Saulcy.

De 1759, nous voyons déjà un ascensesement par le chapitre, de terres à Saulcy, à Jean-Joseph-Christophe de Bazelaire, lieutenant au régiment de Royal-Roussillon, acceptant par son oncle et tuteur, Nicolas Bazelaire, ancien lieutenant-général au ci-devant baillage de Saint-Dié. (1)

Un pastoral de la cure de Saulcy daté de 1679 nous présente les revenus de ladite cure et fournit maints renseignements intéressants sur tous les curés du Val de Saint-Dié.

Il y avait aussi, paraît-il, dans la sei-

(1) Arch. dép. Vosges. G. 783.

gneurie de Saulcy un château qui fut détruit par les Suédois.

Le haut bassin de la Meurthe, renferme
des minerais d'argent, plomb et cuivre
qui furent exploités dès le X⁹ siècle. Il s'en
trouvait à La Croix, Saulcy, Entre-deux-
Eaux, etc. Dans la nomenclature de
Thierry Alix nous voyons à Saulcy la
myne de Saint-Jean d'Anouzel ou *Saint-
Jean du Saulcy*, et la *myne de Saint-Jean*
de Remémont, sur la montagne du Haut-
du-Mont, près d'Entre-deux-Eaux. « Les
mines d'Anozel, nous apprend M. Fournier, restées inconnues jusque dans ces
derniers temps furent découvertes et ex-
plorées par M. de Bazelaire en 1846. Ce
que ces explorations ont surtout d'intéressant, c'est qu'elles réalisèrent les mi-
niatures peintes sur le célèbre *Graduel* de
la bibliothèque de Saint-Dié. On y retrouva
des outils, un chemin de fer en bois, sur
lequel on faisait rouler des *vagonnets* de
minerai ; des galeries ; précisément ce
que les images du *Graduel* représen-
tent. » (1)

---

(1) Bassin de la Meurthe p. 16.   13

Saulcy est encore aujourd'hui un grand centre industriel.

Sur l'emplacement d'un moulin qui dépendait de l'ancien château s'élève aujourd'hui le tissage que dirige M. Maurice Gillotin. Lorsque le château passa en la possession de M. Barbey, le moulin fut acquis par M. Fiderlay, puis cédé à M. Massat, qui le transforma en tissage· Après avoir été successivement la propriété de M. Simon, de Mme Lallemand, il fut vendu à la Société Géliot en 1894.

Ce tissage, outillé avec tout le perfectionnement moderne, occupe trois cent vingt ouvriers qui font mouvoir quatre cent vingt-huit métiers.

Sa force hydraulique est de dix chevaux et sa force vapeur de cent cinquante chevaux.

Il faut signaler aussi le nouveau tissage de MM. Clétienne qui est de création récente (1895), avec cent métiers, il occupe près de deux cents ouvriers. Sa force vapeur est de cent chevaux.

Après avoir dépassé Saulcy, la Meurthe

dirige son cours vers le Nord, et atteint Sainte-Marguerite. Elle vient pour ainsi dire se butter contre les premiers contreforts de l'Ormont où elle reçoit la Fave.

Sur la rive droite de la Meurthe, Sainte-Marguerite commande les deux vallées de la Meurthe et de la Fave. Les deux cours d'eau qui bientôt vont se confondre ne tracent plus ici qu'une seule vallée, large de deux kilomètres. C'est une véritable plaine dont l'horizon vient se heurter aux noirs profils du Kemberg, de l'Ormont, du Climont, et autres masses vosgiennes. Aussi bien nous sommes dans une région nouvelle ; ce sont toujours les Hautes-Vosges frustes mais en même temps, c'est un site doux et vivant.

Au sein d'une campagne amplement arrosée, verdoyante et fertile, l'antique village de Sainte-Marguerite, en une régulière ordonnance, s'allonge sur les deux côtés de la route qui fuit vers la frontière. Comme de sa position agréable, Sainte-Marguerite peut se glorifier du prestige que lui donne un passé aussi ancien que glorieux.

La voie romaine de Strasbourg à Langres traversait son territoire, n'est-ce pas déjà une preuve qu'il y eut là un noyau de population gallo-romaine? Ruyr nous apprend de nouveau que ce village fait remonter son origine à la fondation de la douzième cellule érigée par les disciples de Saint-Dié « à l'invocation de Sainte-Marguerite, Vierge et Martyre, sise encore sur le coulant de *Meurthe* environ mille pas au-dessus du monastère des Joinctures à laquelle aujourd'hui respondent le village joignant appelé de son nom *Saincté-Marguerie, le Fain, Remeymont, Fouchifang, Remomeix, Aymon* et *les Fosses.* Vrai est que sont environ trois cent-soixante-deux ans que les habitants des dits lieux de Remomeix et des Fosses procurèrent d'avoir une église dédiée à Saint-Laurent, et bastie à leurs frais, qui sert d'annexe à la susdite et est sise sur la rivière de *Fave,* peu plus hault que son embouchure dans la Meurthe. » (1).

Cette dernière église dédiée à Saint-Laurent est celle de Remomeix qui est

depuis longtemps, on le voit, annexe de
Sainte-Marguerite.

L'église même de Sainte-Marguerite
est fière de son origine illustre. N'est-ce
pas Charlemagne venant dans nos Vosges, chasser l'ours, le cerf et le sanglier,
qui la fit édifier ? Voici ce que nous en-
seigne à ce sujet le texte de Wassebourg,
cité par G. Save : « Nous trouvons que
Ferry, duc de Mosellane, garda de mort
par deux fois le dict Charlemagne. La
première fut près de la rivière où on voit
encore aujourd'hui une église que Charlemagne y fit édifier en l'honneur de Sainte-
Marguerite, à laquelle donna autant de
privilèges qu'à Notre-Dame d'Aix. » (2).

Parmi ces privilèges à jamais disparus
était le titre de basilique.

Le clocher ne date que du XIIIe siècle,
mais il reste encore des débris de l'église
bâtie par Charlemagne, encastrés par ces
constructeurs du XIIIᵉ siècle dans les

_____

(1) Sᵗᵉˢ Antiquitez de la Vosg. IIIᵉ partie, ch. II.
(2) Bulletin de la Société philomatique, 11ᵉ année, p. 169.

murailles de la tour. M. Gaston Save nous
a laissé de l'église de Sainte-Marguerite
une savante monographie et une complète description auxquelles nous renvoyons les amateurs d'archéologie. (1).

Au moyen-âge Sainte-Marguerite, qui
formait une mairie, relevant du ban
d'Anould, possédait deux seigneuries.
L'une, seigneurie foncière, était du patri-
moine du chapître ; l'autre, était appelée
Terre du Jardin ou seigneurie de *Falaquel* du nom d'un de ses premiers possesseurs *Pierre Falaquey du Vic* qui la te-
nait en fief, du duc de Lorraine. En 149v,
cette seigneurie du Jardin passe, après
acte de vente, aux sires de *Jussy,* seigneurs de Lusse et Hurbache. Ces seigneurs furent souvent en contestations et
procès avec le Chapitre au sujet de l'exer-
cice des droits seigneuriaux, jusqu'à ce que,
vers la fin du XVI⁰ siècle, le chapitre acquit totalement les deux seigneuries de

(1) Bulletin de la Société philomatique, 11⁰ année. — Les Carolingiens *dans les Vosges* et *l'Eglise de Sainte-Marguerite.*

Sainte-Marguerite. Les habitants de la seconde seigneurie de *Falaquel* étaient astreints au guet du château de Spizemberg. (1)

La Fave, principal affluent de la Meurthe dans les Vosges, descend du col de Lubine, et trace la vallée de Colroy, Provenchères, Neuvillers, Frapelle, si riche par ses souvenirs, si vivante par son industrie, si agréable par son alpestre physionomie. De son côté, *la Morte*, affluent de la Fave, arrose une vallée non moins intéressante, et aussi populeuse. Ce coin de nos Vosges, avec ses panoramas, avec ses défilés, ses escalades qui donnent accès à Saales, d'une part, à Wisembach et au château de Faîte, de l'autre, est en effet aussi pittoresque que les montagnes de la Haute-Meurthe et mériterait une étude spéciale plus détaillée, mais qui est hors de notre excursion.

M. Fournier donne l'intéressante étymologie de ce mot la *Fave*. « En sanscrit, nous apprend-il, la racine *Av* est l'un des

___

(1) Arch. dép. Vosges. Série G.

signes du mouvement. Elle a formé par
conséquent dans cette langue des dérivés
qui rappellent la rapidité ; ainsi la rivière
avani. C'est pour cela que l'on trouve le
primitif *Av* dans un grand nombre de riviéres ou ruisseaux, ainsi dans les Vosges : *Avière, Aveline ou Laveline.* Le nom
donné à la rivière *la Fave* n'a pas d'autre
origine. » (1).

La jonction de la Meurthe et de la Fave
est un véritable réceptacle d'eau avec tous
les ruisseaux qui dévalent de la montagne
vers la Meurthe, la Fave, ou la Morte.
C'est, comme le fait remarquer Ed. Ferry,
un rendez-vous de riviéres dont les débor-
dements, lès atterrissements ont rendu si
fertile cette partie de la vallée.

C'est surtout en arrivant à Saint-Dié
que la Meurthe suit de préférence le côté
droit de la vallée. Elle vient pour ainsi
dire se buter contre les premiers contreforts de l'Ormont, courant au-devant de
la Fave qu'elle absorbe, pour couler en-

_____

(1) Bassin de la Meurthe, p. 153.

suite au pied des falaises de Gratain avant
d'entrer en ville.

Rappelons encore que la vallée de la
Meurthe entre Sainte-Marguerite et Saint-
Dié, fut lors de la première invasion de
1814, le théâtre d'un combat entre Français et Bavarois.

Le 7 janvier 1814, le général français
Duhesme chassait la petite troupe bava-
roise qui occupait Saint-Dié et les faisait
poursuivre jusqu'à Sainte-Marguerite.
Aux approches de ce village l'ennemi
essaya de faire volte face pour empêcher
la poursuite, mais, écrit M. F. Bouvier [1],
« nos chasseurs et nos hussards, vigoureusement enlevés par leurs chefs les sabrè-
rent et les rejetèrent hors du village qu'ils
traversèrent à leur suite et vinrent débou-
cher dans la plaine. Dès que nos cava-
liers légers eurent quitté l'abri que leur
offraient les maisons de Sainte-Marguerite, ils reçurent de face les décharges de

[1] Voir l'intéressant travail de M. Félix Bouvier. — Les premiers combats de 1814. — Prologue de la campagne de France dans les Vosges.

plusieurs colonnes considérables d'infanterie qui sortaient o masse de Coinches
et se déployaient à peu de distance. » Nos
troupes durent battre en retraite sur St-
Dié où les poursuivit l'ennemi. Les Bavarois entrèrent en ville par le faubourg
d'Alsace où quelques maisons ont conservé des traces du combat. On voit encore le boulet bavarois incrusté dans la
façade de l'une de ces maisons de la rue
d'Alsace.

CHAPITRE IX

Saint-Dié, le Val de Galilée

Sur les deux rives de la Meurthe, au
centre même de la vallée brusquement
resserrée entre les massifs coniques du
Kemberg et de l'Ormont, voici la jolie ville
de Saint-Dié, au cachet à la fois antique
et moderne. Son site est si favorable que
certainement il fut habité déjà, dès la pé-

riode gallo-romaine. Les deux voies ro-
maines de Deneuvre et de Rambervillers
avaient ici leur jonction, et un marché ou
forum était établi sur la rive gauche de la
Meurthe ; aujourd'hui, place Saint-Martin.

Jadis la Meurthe ne suivait pas le cours
que nous lui connaissons ; après avoir
rampé au pied des escarpements de Gratain, elle venait recevoir le ruisseau de
Robache, près d'un coteau sur lequel
l'évêque cénobite, saint *Dié* ou *Déodat*,
éleva son monastère. Le confluent des
deux cours d'eau donna à ce coteau le
nom de *Jointures*.

La Meurthe subit, selon l'extension de
la ville, plusieurs déviations. Son premier
déplacement date de la fondation du monastère qui, pour se donner de l'espace,
rejeta plus au midi le cours des eaux. Le
second coïncide avec la création proprement dite de la ville. (1140). La troisième
déviation remonte à la reconstruction de
la ville incendiée en 1157 et en 1203 ; c'est
le cours de la Meurthe qui a été conservé
jusqu'aujourd'hui.

La population qui habitait ces régions, avant le VIe siècle, était cependant trop clairsemée pour former une véritable agglomération ; aussi la ville de Saint-Dié doit-elle son origine comme son nom à l'évêque de Nevers lui-même qui fixa d'abord sa première cellule au pied du Kemberg. « C'était, écrit M. le chanoine L'hôte, « dont nous nous permettons de repro-« duire le texte, à la belle saison que « saint Dié s'établit sur les bords de la « Meurthe..... Bientôt dans son désert, le « saint anachorète manqua de tout. La « divine Providence se chargea elle-même « de subvenir largement à ses besoins. « Dans une vision nocturne, le Seigneur « apparut au comte Hunon : « Hé quoi ! « lui dit-il d'un ton de doux reproche, « laisserez-vous donc périr de faim au « désert votre ami Dieudonné? » Et comme « Hunon s'excusait sur ce qu'il ignorait « le lieu de sa retraite : « Chargez de pro-« visions vos bêtes de somme, reprit le « Seigneur, elles marcheront à la garde « de Dieu et arriveront certainement. »

« A son réveil Hunon raconta sa vision
« à sa femme, qui le pressa d'obéir sans
« retard à l'invitation du Ciel. Chose
« étonnante! A peine les bêtes de somme
« furent-elles équipées qu'elles prirent
« d'elles-mêmes la direction des monta-
« gnes, s'engagèrent dans le chemin
« qu'avait suivi saint Dié et arrivèrent en
« droite ligne devant la grotte du pieux
« ermite.

« Celui-ci fut bien surpris de cette aven-
« ture. Mais sa surprise ne tarda pas à
« se changer en actions de grâces, lors-
« qu'il apprit des serviteurs de Hunon,
« qui avaient suivi le convoi, la manière
« miraculeuse dont la divine Providence
« leur avait révélé sa retraite (1). »

Saint Dié se construisit aussi sur la rive
gauche de la Meurthe un petit oratoire,
en l'honneur de saint Martin, et l'enrichit
de précieuses reliques. C'est l'origine de
la paroisse Saint-Martin, ainsi que nous
l'apprend encore Ruyr : « Quant à la pre-

(1) *Vie des Saints du Diocèse de Saint-Dié*
tome Ier, p. 445.

mière cellule construite par saint Dieudonné à l'honneur de saint Martin dès
son arrivée au Val, c'est la vérité que tout
le temps qu'il y survécut, il ne l'abandonna qu'en tant que besoin faisait pour
la visite de ses religieux et des ouvriers
travaillant à la structure de son monastère des Joinctures et des Cellules. Mais
quelque temps après son décès comme le
peuple y accreut, il convint semblable-
ment convertir l'oratoire de saint Martin
·à une Parochiale, à laquelle les habitants
du Viel-Marché, de Hellieule et de la Bolle
sont responsables (1). »

On sait que saint Dié établi sur les rives
de la Meurthe obtint du roi d'Austrasie
Childéric II la concession de tout le pays
de la Haute-Meurthe, depuis la source
des ruisseaux jusqu'à leur sortie, et qu'il
donna à cette contrée le nom de *Val de
Galilée*. M. Fournier nous donne ainsi les
limites du Val de Galilée. « *Le Val de
Galilée*, écrit-il, avait pour limites, à l'Est,

---

(1) Troisième partie des *Sainctes Antiquités de
la Vosge,* chap. II.

Sud et Ouest, le faîte de séparation de la
Meurthe, c'est-à-dire le bassin de la Fave
en entier, celui de la Haute-Meurthe jusqu'en aval de Saint-Dié, où elles suivaient
une ligne venue de la crête de la Madeleine (on trouve encore dans les forêts de
cette montagne des bornes aux armes du
chapitre) et passant entre la Chenal et
Rouge-Pierre, près d'Herbaville, (commune de Saint-Michel) puis traversant en
diagonale la vallée de la Meurthe, gagnait
le ruisseau de la Louvière (Est de la Voi-
vre), qu'elle remontait, suivant les crêtes
de la Bure, d'Ormont et le faîte de séparation de la Fave d'avec les affluents du
Rabodeau, au Nord (1). »

Ce furent les disciples de saint Dié,
puis ses religieux qui défrichèrent ce pays
inculte et y apportèrent la civilisation
chrétienne. Nous avons vu comment les
cellules et les oratoires fondés par ces
anachorètes furent le principe de nos
paroisses et le commencement des bourgs

(1) *Bassin de la Meurthe*, p. 39.

et des villages. Ces annexes religieuses
étaient en même temps des centres agricoles. Tout le monde reconnaît les religieux de saint Dié comme les fondateurs
des villes et villages, les premiers défri-
cheurs du sol et les premiers civilisateurs
du Val de Galilée. « Grâce à leur action
« (les monastères), écrit à ce sujet M.
« Félix Bouvier, les villes s'élèvent, les
« populations accourent, la culture appa-
« raît au milieu des sombres forêts que
« seules la guerre ou la chasse avaient
« entamées jusqu'alors..... Leur œuvre
« fut grande et sainte, et il faut s'incliner
« avec respect devant ces pieux solitaires
« qui élevèrent les rudes habitants primi-
« tifs des montagnes à la dignité d'hom-
« mes civilisés (1). »

Vers la fin du Xe siècle, le monastère
de Saint-Dié fut remplacé par une collé-
giale de chanoines qui prétendait relever
directement du Saint-Siège, pour le spirituel. Au XVIIIe siècle en effet l'église de

_____

(1) *Histoire générale des Vosges*, dans Léon
Louis, tome IV, p. 251.

Saint-Dié avait son territoire séparé et était *complètement exempte.* Dans son travail sur *Nos séminaires vosgiens,* M. le chanoine L'hôte l'a prouvé en citant les deux brefs du Pape Benoît XIV qui trancha en faveur de la pleine et entière exemption de l'église de Saint-Dié, la polémique engagée à ce sujet entre l'évêque de Toul et le chapitre déodatien. (1) Mais cette franche juridiction remontait-elle à l'origine, ainsi que le prétendaient les chanoines du XVIIIe siècle, ou à une époque plus récente ?

Quant au pouvoir temporel, sur le Val de Galilée l'ancien chapitre le partageait avec les ducs de Lorraine et quelques seigneurs particuliers. Ses droits s'étendaient même sur certains autres villages de la Lorraine et de l'Alsace où le souvenir de saint Dié est demeuré si vivant. Ce pouvoir temporel du chapitre qui aurait été régalien et aurait eu son origine dans la donation même de Childéric II, perdit ce-

---

(1) *Nos séminaires vosgiens*, p. 18 à 24.

pendant avec le temps de sa force et de
son extension.

A la tête du Chapitre était le grand
Prévôt qui jouissait d'une juridiction quasi
épiscopale. Parmi ses plus illustres Pré-
vôts, l'église de Saint-Dié se fait une
gloire de citer les noms de plusieurs
princes de la maison de Lorraine, d'un
grand nombre d'évêques et cardinaux, et
surtout, selon une tradition qui est à la
vérité bien contestée, mais qui a du moins
le mérite de l'ancienneté, celui du pape
alsacien Saint-Léon IX.

Cet ancien Chapitre a compté aussi des
membres qui ont laissé un nom célèbre
dans l'histoire de Saint-Dié : *Vautrin Lud*,
aussi remarquable par sa piété et sa cha-
rité que par son érudition. Il fonda avec
Philesius Vosegigena, ou *Mathias Ring-
mann*, la première imprimerie à Saint-
Dié, (1480) ; *Pierre de Blaru* qui mourut
en 1505 sans avoir vu l'impression de son
poème la *Nancéide* (1518), où il chante la
victoire de René d'Anjou sur Charles-le-
Téméraire, tué sous les murs de Nancy

par le sire de *Bouzemont*, châtelain de
Saint-Dié (1477) ; *Laurent Pillard*, le
jeune, mort en 1571, auteur de la *Rusti-
ciade*, poème narrant la défaite des *Rustauds* qui envahissaient la Lorraine et le
Val de Galilée ; le savant géographe *Mar·
tin Valdseemüller*, mort vers 1521 ; *Jean
Herquel* de Plainfaing auteur des *antiquités du Val de Galilée*, mort en 1572 ; *Jean
Ruyr* dont nous avons maintes fois cité
les *Recherches des Sainctes antiquitez de
la Vosge*, mort doyen du Chapitre en 1645 ;
le grand prévôt *Riguet*, historien de son
église, mort en 1699 ; *Jean-Claude Som-
mier*, grand prévôt et archevêque titulaire
de Césarie, auteur de plusieurs savants
ouvrages, mort à Saint-Dié en 1737 ; etc.

A l'érection du diocèse de Saint-Dié
(1777), l'ancien Chapitre fut transformé
en chapitre cathédral. Ce premier diocèse
de Saint-Dié qui eut pour titulaire Mgr de
Chaumont-de-la-Galaizière, comprenait
l'arrondissement actuel de Saint-Dié,
avec quelques paroisses présentement an-
nexées, celui de Remiremont, sauf le Val-

d'Ajol, Ruaux et le Girmont, (1) une grande partie de l'arrondissement d'Epinal, une faible portion de celui de Mirecourt, et une seule paroisse, celle de Marey, de l'arrondissement de Neufchâteau.

La ville de Saint-Dié eut beaucoup à souffrir des guerres du Moyen-âge qui amoncelèrent tant de ruines et de calamités en notre pays ; comme la plupart des paroisses du Val de Galilée et autres communes lorraines, elle ressentit surtout les ravages des Suédois.

Les incendies de 1065, 1155, 1554, 1757 ne furent pas non plus de moindres fléaux qui s'abattirent sur la cité déodatienne. L'incendie de 1757 en particulier détruisit une grande partie de la ville, mais le bienfaisant roi Stanislas, duc de Lorraine, la fit renaître de ses cendres, la releva de ses ruines en lui donnant cet aspect régulier et élégant qui fait de Saint-Dié, avec ses constructions modernes, une des villes les plus jolies de nos Vosges.

---

(1) Herival qui fait actuellement partie de la commune et de la paroisse du Val-d'Ajol, était du diocèse de Saint-Dié.

Nous ne voulons pas renouveler ici une notice historique sur la ville et l'ancien chapitre ; nous sommes en effet sur une terre bien connue étudiée depuis longtemps et nous renvoyons le lecteur aux ouvrages anciens et nouveaux parus sur Saint-Dié, et en particulier aux travaux de M. le chanoine L'hôte, de M. G. Save, de M. le docteur Fournier, de M. H. Bardy, fondateur du Musée de la ville, et de la Société philomatique.

Sur la vie de saint Dié, sur le sanctuaire et le culte de Notre-Dame de Galilée, sur l'antique pèlerinage, ressuscité tout récemment et remis en honneur par Mgr Foucault, évêque de Saint-Dié ; M. le chanoine L'hôte nous renseignera savamment et amplement. M. G. Save nous donnera aussi d'intéressantes études historiques et archéologiques sur la Petite-Eglise, le Cloître, la Cathédrale, monuments d'un autre âge auxquels les derniers travaux de restauration ont rendu leur cachet primitif.

Nous avons vu que déjà bien des ren-

seignements précieux nous ont été four-
nis par les ouvrages du savant Docteur
Fournier, en particulier par sa topographie ancienne du haut bassin de la Meurthe.

Quant à M. H. Bardy, ses œuvres
concernant Saint-Dié, sont aussi connues
qu'appréciées. C'est lui spécialement qui
nous instruira sur la période révolutionnaire et sur les opérations de la guerre
franco-allemande à Saint-Dié et dans les
environs.

Le *Guide du touriste* de M. Steigmüller
nous présente également un résumé historique et descriptif bien complet de l'ancien et du moderne Saint-Dié.

C'est le Président de la Société philomatique qui nous apprend qu'en 1793, la
ville de Saint-Dié changea son nom en
celui d'*Ormont.* « Pendant que la ville de
Neufchâteau, dit-il, changeait son nom
qu'elle trouvait trop féodal en celui « de
« *Mouzon-Meuse...* que Sainte-Marguerite
« devenait *Meurthe-Fave* ; Saint-Léonard,
« *Léonard-mont* ; Saint-Michel, *Belmont* ;
« La Croix-aux-Mines, *Sadey-aux-Mines*,

« notre ville de Saint-Dié hésitait, atten-
« dait, tergiversait pour se débaptiser,…
« ce fut la *Société populaire* qui, un beau
« soir de novembre, prit l'initiative du
« changement, et les autorités populaires
« prirent le parti, le 23 décembre 1793,
« de changer le nom de la commune com-
« me rappelant le souvenir de la supers-
« tition. La société populaire avait émis le
« vœu qu'elle s'appelât dorénavant *Or-*
« *mont*, nom de la montagne au pied de
« laquelle elle est située. ([1]).

Depuis la guerre franco-allemande,
Saint-Dié a pris une considérable extension. C'est un important centre industriel
et commercial. Le commerce du bois y
est en plein succès, il ne se borne pas à la
simple fabrication des planches, à Saint-
Dié le bois est travaillé, transformé en
stores, baguettes d'encadrement et d'a-
meublement. Ici d'ailleurs l'industrie est
très variée, outre la broderie et la production des toiles métalliques, les tissages

---

(1) Discours de M. H. Bardy, à l'assemblée généra-
rale de la Société philomatique du 24 février 1901.

mécaniques produisent les draps de coton, les molletons, les cretonnes, les coutils. Plusieurs manufactures de bonneterie y sont aussi d'une réelle importance.

Saint-Dié, qui est avant tout une favorable station estivale, est doté aujourd'hui d'un établissement hydrothérapique. Ses deux sources ferrugineuses et sulfureuses étaient jadis bien en vogue, puisque c'est à leur sujet que *Jean Métallus* écrivait en 1594. « La Meurthe prend naissance près de montagnes où il y a des mines d'argent, et passe à Saint-Dié sur le territoire duquel il y a une source qui guérit beaucoup de malades. »

Les promenades des environs de Saint-Dié sont connues des touristes vosgiens qui explorent les Hautes-Vosges. Consultez le Guide Steigmüller ; il dépeint avec une exactitude qui instruit et une poésie qui charme toutes les splendeurs de ces paysages à excursion : la roche d'Anozel, les roches Saint-Martin, les Trois-Fauteuils, la Madeleine, la vallée de Taintrux ; Grattain, Saint-Roch, la Bure, les Mollières, la Roche des fées, le Sapin-sec, etc., etc.

Le mot *Kemberg* est un nom germanique qui signifie *dents de peigne ;* la crête de la montagne est en effet crénelée d'énormes dents de rochers.

Sur la montagne d'Ormont, comme les sapins et les rochers, les légendes ont poussé ; ne manquons pas de les rappeler. C'est d'abord celle de la Roche-des-Fées, sur la pente opposée. « Pour les environs de Saint-Dié, écrit Ed. de Bazelaire, les roches des Fées étaient le quartier général des armées diaboliques déchaînées sur la terre, le rendez-vous de tous les démons, de tous les follets du pays, depuis la vieille sorcière hargneuse et refrognée entraînée dans la ronde par son attelage de hiboux, jusqu'au lutin malicieux, dont les exploits font pâlir les jeunes filles ; depuis la fée gracieuse et bienfaisante jusqu'au vouivre hideux, dont la crainte resserre le cercle tremblant des veillées ; aussi le chapitre se crut obligé de les purifier en exorcisant la pierre des fées le 2 février 1555. (1) » Mais, ajoute M. Steig-

(1) Promenades dans les Vosges, p. 22.

müller, je n'ai trouvé nulle part, malgré des recherches minutieuses et réitérées, trace de la fameuse inscription dont parle Gravier et qui rappellerait cet exorcisme qui rentre donc comme la légende dans le domaine de la fiction.

D'ailleurs nous pouvons être reconnaissants aux fées qui empêchèrent l'inondation de tout le val de Saint-Dié ; une autre légende nous l'apprend, celle du lac de l'Ormont. « Les flancs de l'Ormont, écrit « M. Henri Bardy, recèlent, dit-on, une « énorme quantité d'eau... Un jour les « eaux souterraines menacèrent de faire « irruption. Déjà on entendait de sinistres « craquements, quand les bonnes fées « émues de pitié à la pensée du désastre « qui allait en résulter, touchées par les « lamentations des habitants affolés, réu- « nirent leurs efforts et parvinrent à en- « serrer la montagne d'un cercle de fer « destiné à empêcher la dislocation et la « rupture de ses parois. Désormais les « eaux prisonnières écoulèrent leur trop- « plein d'une manière régulière et sans

« plus causer d'appréhension. Seulement
« il fallait veiller à l'entretien du cercle
« magique, et pour cela un maréchal-
« serrurier de la Rochatte, dépositaire de
« père en fils du secret des fées, devait,
« tous les ans, le 4 novembre, jour de la
« Saint-Charles, faire le tour d'Ormont et
« constater de *visu* du bon état de son
« armature... (1)

Après les courses dans les hautes montagnes ou les excursions dans la plaine,
Saint-Dié est donc un séjour que l'on
aime et que l'on recherche ; c'est ici, en
effet, que la vallée de la Meurthe dans les
Vosges présente son développement le
plus complet, sous tous rapports, soit en
souvenirs historiques et archéologiques,
soit en pittoresque de paysage, soit en
progrès de moderne civilisation.

FIN

_____

(1) Miscellanées 1901, Fées et Elfes, p. 31, 32.

TABLE DES MATIÈRES

St.-Dié. — imp. L. CUNY.

www.ingramcontent.com/pod-product-compliance
Lightning Source LLC
Chambersburg PA
CBHW060025100426
42740CB00010B/1600